VIE
PHILOSOPHIQUE, POLITIQUE
ET LITTÉRAIRE
DE RIVAROL.

Ouvrages nouveaux qui se trouvent chez
BARBA.

Abrégé chronologique de l'Histoire de la Révolution jusques et compris le Concordat, 3 gros vol. in-12 de 500 pages chacun, par Fantin-Désodouarts, avec le portrait de l'auteur, 7 fr. 50 c.

Histoire du Géant, écrite par un Nain, in-12, fig. 2 fr.

Histoire du Théâtre Français pendant la révolution, avec les portraits de Brizards, Préville, Dessessarts et M.lle Joly, 4 vol. in-12, par Étienne et Martainville, 6 fr.

Vie Philosophique, Politique et Littéraire de Rivarol, 2 vol. in-12, portrait. 3 fr. 60 cent.

Vie de Malesherbes, in-12, portr. 2 fr.

On imprime chez Didot aîné, au Louvre, un manuscrit inédit de Voltaire, intitulé : *Tablettes et Pensées philosophiques*, in-8°. ; on tire cent exemplaires sur le nom de jésus vélin, pour compléter l'édition à 9 fr. Les personnes qui voudront se faire inscrire ne paieront rien d'avance.

On tient chez le même libraire un assortiment complet de pièces de Théâtre.

VIE
PHILOSOPHIQUE, POLITIQUE
ET LITTÉRAIRE
DE RIVAROL.

Nos Talens naissent avec nous, nos Vertus seules nous appartiennent.

J. J. ROUSSEAU.

PAR SULPICE DE LA PLATIÈRE.

TOME SECOND.

A PARIS,

Chez BARBA, Libraire, palais du Tribunat, galerie derrière le Théâtre français, n°. 51.

AN DIXIÈME = 1802.

DISCOURS PRÉLIMINAIRE.*

Ce n'est pas sans un puissant motif, qu'après avoir donné la vie de Rivarol, et ses pensées inédites sur une foule de sujets qui, depuis douze ans, tourmentent le génie français, et, j'ose le dire, l'esprit humain, nous ouvrons le second

* Ce Discours préliminaire est d'une des premières plumes de la France : l'amitié nous a imposé la loi de ne pas la nommer : nous nous sommes réservés de peindre Rivarol dans sa vie privée, d'être l'éditeur de ses pensées inédites, et l'historiographe des mots heureux qui ont contribué à étendre sa gloire.

Note de SULPICE DE LA PLATIÈRE.

volume de ce recueil par le discours *Sur l'Universalité de la Langue Française* : ce chef-d'œuvre, malgré ses nombreuses éditions, n'est point encore parfaitement connu : outre les améliorations et les notes nouvelles que celle-ci renferme, il y a une sorte de génération dans les idées philosophiques de l'auteur, qu'on ne peut clairement appercevoir que d'après nos préliminaires.

Lorsque l'Académie du grand Fréderic proposa de donner à la Langue Française la monarchie universelle, que depuis long-tems l'Europe refusait au génie militaire de Louis XIV et à nos nombreuses victoires, Rivarol vit d'un coup-d'œil l'immense carrière qui s'ouvrait devant lui, et il sentit bien que le peu de tems qu'on lui donnait pour traiter un si riche sujet, ne lui permettrait jamais que de l'efleurer : il se contenta donc de jetter, en courant, quelques idées génératrices sur sa route, se flattant de revenir un jour sur ses pas, quand il pourrait donner un essor libre à son génie; et il chercha quelques palmes à cueillir dans un discours Académique, jusqu'à ce qu'il pût aller à l'immortalité, par un monument aussi durable que les pyramides.

Les bases de cette pyramide ont été posées dans les éditions subséquentes du discours sur l'universalité de cette Langue, qu'ont fixée à jamais les Pascal, les Racine et les Fénelon, et sur-tout dans le Traité *De l'homme et de ses facultés intellectuelles*, qui, à quelques égards, ne semble que le développement de sa belle théorie couronnée par l'Académie de Berlin : Rivarol ne faisait jamais un pas dans les régions philosophiques, que son horison ne s'étendit : le discours académique avait fait naître le grand ouvrage sur l'homme ; et il est hors de doute que si cet écrivain supérieur avait vécu, il ne fût arrivé, étayé de ces deux chef-d'œuvres, à la connaissance de la langue primitive, et à l'arbre généalogique de tous les dialectes secondaires qu'on parle sur le Globe, d'Archangel à Londres, et de Lisbonne aux Terres Australes.

Il n'existe que des fragmens de quelques lignes sur ces vastes recherches, dans le porte-feuille de Rivarol: car sa paresse était telle, qu'il laissait souvent échaper ses découvertes par l'ennui de les transmettre sur le papier : mais ses amis en étaient dédommagés par sa conversation : toutes ses idées primitives, classées avec soin dans sa tête, sortaient alors librement, et on voyait que cette tête meublée de principes, plutôt que de mots, valait mieux qu'une Encyclopédie.

C'est sur un de ces entretiens lumineux qu'est fondée la théorie de ces préliminaires.

Examiner toutes les langues modernes, d'après le double flambeau de l'analyse et du goût, et faire pressentir que celle qui est la plus propre a s'amalgamer avec les mœurs, les coutumes et le génie littéraire de l'Europe est la langue des Bossuet, des Voltaire et des Montesquieu, amène la solution d'un grand problême, sans doute : mais celui-ci en suppose d'autres qui piquent la curiosité philosophique, et qui n'échappèrent pas à la sagacité de Rivarol.

Quels sont les élémens de ces langues Européennes, qui osent disputer à celle de la France ses vastes conquêtes ?

Y a-t-il vraiment une langue mère dans le Nord de l'Europe ? car le Latin qui a formé les dialectes du Midi, ne l'est pas.

Le Celte que plus d'un savant regarde comme une langue primitive, est-il essentiellement distinct des dialectes orientaux dérivés du Phénicien, des dialectes occidentaux sortis du Grec, et des dialectes maures, dérivés de l'Arabe ?

Comment les langues mères qui ne sont que les branches principales d'un grand arbre, tiennent-elles au tronc primitif, et quel est ce tronc primitif?

Ici se présente une nouvelle série d'idées : y a-t-il une langue primordiale donnée par la Nature ?

Si l'on consulte les annales mensongères des nations anciennes, il en est peu qui ne s'arroge les honneurs d'être la tige de la généalogie grammaticale du genre humain.

Les savans qui ne voient la raison par excellence, que dans la théologie, affirment gravement que la première des langues mères est l'Hébreu ; et comme ils partent de la Cosmogonie de Moïse, pour donner quelque authenticité à leur théorie, il s'ensuit que le genre humain si décrépit, quand on le considère du côté de la politique, n'est qu'un enfant de soixante siècles, quand on l'envisage du côté de la grammaire.

Mais les monumens de l'histoire déposent contre cette chimère religieuse : Abraham, le plus célèbre des patriarches Hébreux, était né à Ur, dans la Chaldée, et parlait la langue de ses pères, qui était sans doute celle d'une antique Babylone, bien antérieure à la ville des Ninus et des Sémiramis.

Le Chaldéen, lui-même, était mélangé avec l'Arabe de Job, et le Phénicien des prédécesseurs de Sanchoniaton.

L'Hébreu, la plus stérile des langnes de l'Orient, n'a jamais donné ses élémens à aucun des idiomes de l'Asie, et elle a reçu tous ceux des dialectes, des peuples étrangers, qui ont fait à la Palestiue l'honneur de tenter sa conquête.

D'après ces bases, on peut apprécier l'absurdité de cette rêverie théologique : que tous les dialectes de l'univers sont issus en droite ligne de ce jargon sans logique et sans harmonie, qu'on parlait à Hersalaïm et sur les bords du lac de Génésareth : jargon qui n'a été ennobli un moment, que par l'imagination brillante de David et des Prophètes.

Il est vrai que de nos jours, où l'on a abattu tous les préjugés, même ceux d'où émane le bonheur des hommes, on n'a pas manqué de s'inscrire en faux contre toutes les prééminences du peuple de Dieu, et sous prétexte qu'il ne parlait qu'une langue secondaire et adultèrine, de reléguer ses annales religieuses, avec les Contes-Bleux de la Mythologie Grecque, et les fables d'Hérodote.

Si l'on pouvait affirmer quelque chose dans cette nuit profonde de l'histoire, il faudrait accorder au Phénicien la prééminence sur toutes les prétendues langues mères de l'Orient : il est évident que le peuple industrieux qui la parlait, en a porté les éléments, par ses colonies, chez la plupart des nations Occidentales;

il est évident aussi que son alphabet a une sorte d'identité, avec ceux de nos caractères que l'Europe presqu'entière semble avoir adoptés.

Cependant il restera toujours une grande difficulté a vaincre, c'est de savoir comment le Phénicien primitif s'est amalgamé avec les idiômes sauvages ou barbares des peuples qui ont toujours vécus isolés : si l'on en trouve quelques élémens dans le Foulis et le Mandingos, des Nègres solitaires, qui habitent au-delà du Sénégal : si ses racines sont les mèmes que celles des gloussements des Samojedes, ou des articulations inappréciables, soit des Hottentots, soit des Antropophages des Terres Australes.

Il

Il s'est trouvé des savans qui ont tenté de défricher toutes ces landes; de faire une grammaire générale, des grammaires réunies de tous les peuples connus ou inconnus du globe : parmi ceux qui ont eu, à cet égard, le plus de succès apparent dans leurs recherches conjecturales, est le Suisse, Court de Gebelin : son *Monde Primitif* est, par rapport à la filiation des langues, un chef-d'œuvre, sinon de génie, du moins de patience : il est vrai qu'on pourrait, avec cette érudition de mots, arriver sans blesser la logique, à des résultats contradictoires; mais enfin c'est toujours un mérite d'avoir, dans ce labyrinthe inextricable, dit ce qui pouvait être. Quelque Thésée viendra dans la suite des âges ; avec un fil d'Ariane, et dira ce qui a été.

Rivarol, qui avait effleuré toutes les branches de l'érudition, et surtout de l'érudition grammaticale, ne faisait pas un cas prodigieux du *Monde Primitif* de Gebelin : il disait qu'un gouvernement fait pour mettre tous les gens de lettres à leur place, aurait dû acheter le gros livre du Savant de Lausane, le déposer avec respect dans un cabinet de manuscrits, et envoyer l'auteur en Egypte pour déchiffrer des Hyérogliphes.

Puisque le monde civilisé est encore trop jeune, pour arriver par l'histoire à la solution du problême sur la langue primordiale, il faudrait peut-être tenter de l'expliquer philosophiquement par la voie de l'analyse.

Ici se présente un champ bien plus simple et non moins utile pour les recherches : je dis un champ simple, parce qu'il en coûte bien moins à un homme supérieur de créer, que de se traîner péniblement sur les créations des autres ; je dis un champ utile, parce que lors même que l'analyse ne vous mène pas au but que vous cherchez, elle vous fait souvent rencontrer sur la route des vérités, plus fécondes que celles que vous vouliez atteindre ; Locke, en commençant son beau livre, ne voulait qu'analyser des mots, qui avaient amené des opinions, des sectes et des crimes, et il en est venu à analyser l'entendement même de l'homme, et à faire un ouvrage classique, parmi les chef-d'œuvres du siècle de Louis XIV.

Le travail de ce genre que l'esprit philosophique voulut, pendant quelque tems, substituer aux recherches pénibles et ingrates, des Vossius, des Bochart et des Gebelin, consistait à analyser les mots des langues, en remontant par une filiation non interrompue, jusqu'à leurs racines primordiales. Mais on s'apperçut bientôt qu'on n'était pas encore dans la véritable route des découvertes, parce qu'on ne faisait que changer d'érudition et substituer, pour ainsi-dire, celle de la grammaire à celle de l'histoire : on voulait atteindre le premier foyer des connaissances humaines, et on n'arrivait qu'aux sources, très-incertaines, de l'étymologie.

Le véritable trait de génie fut de saisir tout-d'un-coup la langue élémentaire, en décomposant l'organe vocal de l'homme, et en suivant avec art le développement gradué de la voix, depuis les cris de la douleur au berceau, jusqu'à ce que perfectionnée par l'habitude, le goût et l'éloquence des passions, elle produise un monologue de Sophocle ou une oraison de Démosthène.

C'est alors que l'esprit méditatif, réuni à celui de combinaison, sans lequel le premier ne se berce que de rêveries, amena des principes générateurs, avec lesquels on put jetter les fondemens d'une grammaire universelle.

On vit que les premières inflexions de la voix humaine dûrent se borner à trois principales ; à celle qui exprime l'admiration à la vue des phénomènes inconnus de la nature, à l'espèce de contraction de l'organe, qui avertit de la présence de la douleur, et à sa dilatation qui instruit de l'approche du plaisir.

Il est hors de doute que ces premières inflexions furent rudes, parce qu'aucune articulation secondaire ne servait à les adoucir : leur rudesse était la suite naturelle de leur énergie; il en était d'elles comme des couleurs primitives de Newton, qui ne paraissent si fortement prononcées, que par le défaut des nuances intermédiaires, qui en font un tout dans l'Arc-en-Ciel.

La voix primitive, naturellement rude en exprimant l'admiration, la douleur et même le plaisir, se modifie par l'habitude des bienfaits qu'on prodigue à la faiblesse, et acquiert de la douceur en se faisant l'interprète de la reconnaissance.

Le grand principe de la formation des langues, quand on l'étudie avec la raison, dans l'enfant de la famille primordiale, est que l'imitation a été le germe de la première grammaire : des êtres neufs se développant en présence de la nature, n'ont dû en effet être émus que par les objets physiques, qui exercaient sur eux leur influence; plus ces objets frappaient leurs sens, plus ils devaient être tentés de les imiter. Leur voix, devenue sans cesse plus flexible par l'habitude, devait rendre quoiqu'imparfaitement, les cris variés des animaux, le sifflement des vents, le murmure des ondes, et jusqu'au fracas du tonnerre, ou des grandes Cataractes : ainsi la première langue, considérée sous ce point de vue philosophique, n'a dû être qu'une succession d'Onomatopées.

Cependant la nature n'est pas toujours pour l'homme dans cet état d'effervescence qui avertit l'ame, en frappant l'oreille : son état ordinaire est un calme (du moins apparent) qui ne se fait connaître que lorsque l'ame réagit sur elle par la méditation : alors l'impossibilité de faire parcourir à l'ouïe par une Onomatopée, les objets de la vue, a fait imaginer un autre genre d'imitation ; c'est l'écriture, qui dans l'origine, ne fut, comme on peut s'en convaincre par les inscriptions des Pyramides Egyptiennes, qu'une série d'Hyéroglyphes.

L'anatomie du langage élémentaire, ainsi commencée, avec le scalpel de l'analyse, il est aisé de saisir, du moins par un point, la langue primordiale, et de la suivre dans ses ramifications : car on sent aisément que toutes tiennent à un tronc général par des racines communes ; l'Onomatopée se montre dans les rauques articulations des Cannibales de la Nouvelle-Zélande, comme dans les vers de Virgile, et dans les descriptions pittoresques de l'Iliade.

Les découvertes secondaires dans les langues sont le résultat naturel de celle que nous venons d'indiquer.

A mesure que les Peuples se sont

civilisés, que les mœurs se sont adoucies, que les arts sont venus donner une seconde vie au genre humain, les langues ont aussi modifié leurs élémens, les inflexions rudes ne se sont conservées que dans les déchiremens de la douleur, et la prose a cédé à la poësie la plus grande partie de ses Onomatopées.

Dans les climats rians, favorisés d'une chaleur douce, et imprégnés de sucs générateurs, les langues devenues peu-à-peu flexibles et harmonieuses, semblent s'être élevées au niveau de la nature; on a plus déployé les richesses de l'imagination Orientale dans l'Arabe, plus parlé au goût dans le Latin du siècle d'Auguste, plus développé toutes les ressources du génie dans la langue pittoresque d'Homère, de Sophocle et de Démosthène.

Ensuite les grammairiens philosophes sont venus; ils ont examiné le méchanisme même de cette douceur des langues et de leur flexibilité. Ils ont reconnu, par exemple, que si le Chinois est un des idiômes les plus doux de l'Asie, c'est qu'une des consonnes les plus dures de notre alphabet est inconnue dans cette première des monarchies du globe : la difficulté d'y prononcer l'*R*, l'a fait bannir de la grammaire.

D'un autre côté, nos langues Européennes

péennes ont un avantage inappréciable sur celles de quelques peuples, que l'habitude de vivre avec les bêtes féroces qu'ils subjuguent, a forcés, pour ainsi dire, de dénaturer leur organe : c'est ainsi qu'en rendant toutes nos inflexions labiales, il nous est impossible de copier les inflexions gutturales des Hottentots : comme ces Africains avec leur prononciation gutturale, ne rendront jamais la belle déclamation labiale que demandent l'Orlando de l'Arioste, l'Araucana de l'Homère de l'Espagne, ainsi que notre Télémaque, notre Temple de Gnide, et notre Britannicus.

En simplifiant ainsi les premières

notions des arts, en les dépouillant de l'enveloppe scientifique, qui en dégoûte le vulgaire des amateurs, on rend un vrai service aux lettres : car en les rendant accessibles, on étend leur empire et on les fait aimer.

Cependant il y a un abus dans cette simplicité même ; car si on se plaît trop à la circonscrire, si on la réduit dans le creuset philosophique, à une espèce de *minimum* presqu'inappréciable, au lieu de la rendre sublime, comme les beaux monumens de la nature, on l'anéantit.

C'était, par exemple, une singulière idée au président de Brosses, de supposer que l'Alphabet organique n'était composé que de six consonnes et d'une voyelle : il avait volé sans doute cette simplicité paradoxale, à l'illustre Leibnitz qui, avec deux nombres, créait une Arithmétique.

Leibnitz, au reste, prouvait avec des équations Algébriques, son Arithmétique Binaire ; tandis que le président de Brosses n'étayait que de conjectures grammaticales, la conjecture philosophique de son Alphabet.

Laissons dormir en paix le grammairien, d'ailleurs très-ingénieux, qui a fait présent à l'Europe, de la *Méchanique des langues* d'un *Sal-*

luste de son imagination, ainsi que d'une mauvaise plaisanterie, des *Fétiches*; et disons encore un mot sur Leibnitz.

Ce Leibnitz voulait qu'on divisât les peuples du globe, par classes de langues, et qu'on en dressât une Carte à la façon des géographes.

L'idée est ingénieuse, mais d'une exécution souverainement difficile : Rivarol disait qu'il entreprendrait la Carte de Leibnitz, si on voulait le mettre en prison dans un paradis de Mahomet, sans femmes, et lui assurer la vie d'un patriarche.

Ce serait, au reste, quand une

Carte pareille aurait été dressée par les géographes de la grammaire, qu'on pourrait se flatter d'arriver à une découverte, dont on s'occupe beaucoup depuis vingt ans; mais qui malgré les talens de quelques adeptes, ne semble encore que la chimère du grand œuvre : il s'agit d'introduire sur le globe un caractère universel, avec lequel tous les peuples, quoique divisés de mœurs, de situation et de langage, pourraient exprimer leurs idées : ce caractère encyclopédique a ses élémens dans la Carte de Leibnitz, bien dessinée : mais, encore une fois, cette Carte serait d'une exécution impossible à son inventeur lui-même, Il est, dans les objets soumis aux travaux de l'homme, des choses que l'imagination peut atteindre, et qui n'existent pas au delà ; des causes possibles qui ne sauraient avoir d'effet ; comme de frayer un grand chemin sur les glaces éternelles des Cordillières, ou comme le voulait Dinocrate, de faire, du Mont-Athos, une statue d'Alexandre.

Le laps des siècles, les divers cataclysmes que le globe a essuyés, ont dénaturé, à la longue, toutes les langues qui se sont introduites dans le commerce des hommes.

Il n'y a point de langue, toute originelle qu'elle paraisse, qui n'ait contracté quelques formes adultérines par ses contacts avec les idiômes barbares qu'elle a conquis, ou dont elle a été la conquête.

Il n'y a point de langue barbare qui ne soit mélangée, par dérivation, d'une foule de dialectes, tous sans principes apparens, tous également éloignés de leur première origine.

Le Foulis et le Mandingos, qu'on parle depuis près de soixante siècles, peut-être, dans l'intérieur de l'Afrique, peuvent avoir quelques élémens communs avec le Nubien et le Maure, mais assurément repoussent toute espèce d'affiliation avec les gloussemens gutturaux des Hottentots du Cap-de-Bonne-Espérance.

Le Huron et l'Algonquin sont regardés comme des langues mères, dans le Nouveau Monde, et je conçois comment, à force de recherches, l'on pourrait en trouver les élémens dans les mille et un dialectes sauvages qu'on parle, sur ce segment immense de l'Amérique qui s'étend depuis la Baye de Baffin, jusqu'auprès de l'isthme de Panama, mais hors de là le fil est rompu. Il n'existe aucun rapport apparent entre le Huron et le Mexiquain, entre l'Algonquin et la langue sacrée des Incas du Pérou. Qui osera renouer ce fil cassé depuis tant de siècles? On pourrait à peine s'en flatter, quand il naîtrait cinquante Leibnitz au Nouveau Monde, quand on couvrirait d'académies cet espace presqu'incommensurable, enfermé entre les Terres du Cercle-Polaire-Arctique et le Détroit de Magellan.

Les difficultés augmentent, quand on examine les langues dans leurs maturité, et lorsque le génie des écrivains semble les avoir fixées à jamais.

Alors même elles éprouvent des vicissitudes, par leur contact avec les mœurs, l'esprit national et les secousses en sens contraire qu'éprouvent les gouvernemens.

Michaëlis a fait un livre pour prouver l'influence des opinions sur le langage, et il n'a trouvé aucune contradiction : l'histoire, de tous les peuples civilisés dépose en sa faveur.

Peut-être aussi serait-il aisé de faire un autre livre plus piquant encore, sans être moins utile, qui traiterait de l'influence du langage sur les opinions : on verrait alors avec quelle facilité les hommes de parti, qui remuent les États pour changer de place, se servent d'un langage convenu, pour maîtriser la multitude ; comment, par exemple, dans les années orageuses de la Révolution Française, on a trouvé le moyen, avec le mot d'*Égalité*, de mettre au bas de la roue de fortune tout cé qui était en haut, et en haut tout ce qui était en bas ; comment on s'est servi du mot de *Liberté*, pour réduire les nations et les individus dans le plus abject de tous les esclavages.

En un mot, un systême complet sur l'organisation de la langue primordiale, sur son amalgame avec toutes les langues secondaires du globe, sur la décomposition de tous les idiômes anciens et nouveaux, afin d'arriver aux élémens philosophiques d'une grammaire universelle, est, je crois, au-dessus des forces humaines, d'ici à quarante siècles : encore, faut il observer que plus on s'éloignera de la première civilisation, plus on perdra le fil d'Ariane, qui peut guider dans ce labyrinthe inextricable. Rivarol a eu la sagesse de n'aborder que de loin, toutes ces grandes questions conjecturales; il s'en est tenu à discuter si la langue du siècle de Louis XIV pouvait être la langue universelle de l'Europe, et il a fait un chef-d'œuvre : s'il eût été aussi audacieux que les Bochart, les Le Brigant et les Gebelin, il aurait compilé des in-folio, et n'aurait été lu que de son typographe.

DISCOURS
DE RIVAROL
SUR
L'UNIVERSALITÉ
DE LA
LANGUE FRANÇAISE,

COURONNÉ

A L'ACADÉMIE DE BERLIN, EN 1783.

NOUVELLE ÉDITION,

Avec des corrections et additions de l'Auteur.

DISCOURS
SUR
L'UNIVERSALITÉ
DE
LA LANGUE FRANÇAISE.

Qu'est-ce qui a rendu la langue française universelle ?
Pourquoi mérite-t-elle cette prérogative ?
Est-il à présumer qu'elle la conserve ?

UNE telle question proposée sur la langue latine, aurait flatté l'orgueil des Romains, et leur histoire l'eût consacrée comme une de ses belles époques : jamais en effet pareil hommage ne fut rendu à un peuple plus poli, par une nation plus éclairée.

Le tems semble être venu de dire le *monde français*, comme autrefois

le *monde romain ;* et la Philosophie, lasse de voir les hommes toujours divisés par les intérêts divers de la politique, se réjouit maintenant de les voir, d'un bout de la terre à l'autre, se former en république sous la domination d'une même langue. (*a*)

(*a*) Observons que ces mots, où Rivarol semble deviner la Révolution française, l'énergie de ses premiers élans et l'éclat imposant de ses victoires, sont dans l'édition primitive de 1783 : envain la démagogie donna-t-elle une direction funeste à notre pente irrésistible vers la liberté : envain l'auteur de ce beau discours eut-il a se plaindre personnellement de nos premiers perturbateurs, il ne changea point, dans les éditions subséquentes, cette espèce de prophétie : c'est qu'il aimait essentiellement le nom français, il s'honorait de le partager ; et s'il est mort dans un exil volontaire, c'est en soupirant après une patrie que son enjouement contraria quelquefois, mais que son cœur ne répudia jamais.

Spectacle digne d'elle, que cet uniforme et paisible empire des lettres qui s'étend sur la variété des peuples, et qui, plus durable et plus fort que l'empire des armes, s'accroît également des fruits de la paix et des ravages de la guerre !

Mais cette honorable universalité de la langue française, si bien reconnue et si hautement avouée dans notre Europe, offre pourtant un grand problême : elle tient à des causes si délicates et si puissantes à la fois, que pour les démêler, il s'agit de montrer jusqu'à quel point la position de la France, sa constitution politique, l'influence de son climat, le génie de ses écrivains, le caractère de ses habitans, et l'opinion qu'elle a su donner d'elle au reste du monde; jusqu'à quel point, dis-je, tant de causes diverses ont pu se combiner et s'unir, pour faire à cette langue une fortune si prodigieuse.

Quand les Romains conquirent les Gaules, leur séjour et leurs lois y donnèrent d'abord la prééminence à la langue latine ; et quand les Francs leur succédèrent, la religion chrétienne, qui jettait ses fondemens dans ceux de la monarchie, confirma cette prééminence. On parla latin à la cour, dans les cloîtres, dans les tribunaux et dans les écoles · mais les jargons que parlait le peuple corrompirent peu-à-peu cette latinité, et en furent corrompus à leur tour. De ce mélange naquit cette multitude de patois qui vivent encore dans nos provinces. L'un d'eux devait un jour être la langue française.

Il serait difficile d'assigner le moment où ces différens dialectes se dégagèrent du celte, du latin et de l'allemand : on voit seulement qu'ils ont dû se disputer la souveraineté, dans un royaume que le systême féodal avait divisé en tant de petits royaumes. Pour hâter notre marche, il suffira de dire que la France, naturellement partagée par la Loire, eut deux patois, auxquels on peut rapporter tous les autres, le *Picard* et le *Provençal*. Des princes s'exercèrent dans l'un et l'autre, et c'est aussi dans l'un et l'autre que furent d'abord écrits les romans de chevalerie et les petits poëmes du tems. Du côté du Midi fleurissaient les *Troubadours*, et du côté du Nord les *Trouveurs*. Ces deux mots, qui au fond n'en sont qu'un, expriment assez bien la physionomie des deux langues.

Si le Provençal, qui n'a que des

sons pleins, eût prévalu, il aurait donné au français l'éclat de l'espagnol et de l'Italien : mais le midi de la France, toujours sans capitale et sans roi, ne put soutenir la concurrence du Nord, et l'influence du patois picard s'accrut avec celle de la couronne. C'est donc le génie clair et méthodique de ce jargon et sa prononciation un peu sourde, qui dominent aujourd'hui dans la langue française.

Mais quoique cette nouvelle langue eût été adoptée par la cour, et que dès l'an 1260, un auteur italien lui eût trouvé assez de charmes pour la préférer à la sienne, cependant l'église, l'université et les parlemens la repoussèrent encore, et ce ne fut que dans le seizième siècle qu'on lui accorda solennellement les honneurs dûs à une langue légitimée. (a)

A cette époque, la renaissance des lettres, la découverte de l'Amérique et du passage aux Indes, l'invention de la poudre et de l'imprimerie, ont donné une autre face aux empires. Ceux qui brillaient se sont tout-à-coup obscurcis : et d'autres sortant de leur obscurité, sont venus figurer, à leur tour, sur la scène du monde. Si du Nord au Midi un nouveau schisme a déchiré l'église, un commerce immense a jetté de nouveaux liens parmi les hommes. C'est avec les sujets de l'Afrique que nous cultivons l'Amérique, et c'est avec les richesses de l'Amérique qne nous trafiquons en Asie. L'univers n'offrit

---

(*a*) Louis XIII et François I, ordonnèrent qu'on ne traiterait plus les affaires qu'en français; les facultés ont persisté dans leur latinité barbare.

. . . *Hodiè que manent vestigia ruris.*

jamais un tel spectacle. L'Europe surtout est parvenue à un si haut dégré de puissance, que l'histoire n'a rien à lui comparer : le nombre des capitales, la fréquence et la célérité des expéditions, les communications publiques et particulières, en ont fait une immense république, et l'ont forcée à se décider sur le choix d'une langue.

Ce choix ne pouvait tomber sur l'allemand ; car vers la fin du quinzième siècle, et dans tout le cours du seizème, cette langue n'offrait pas un seul monument. Négligée par le peuple qui la parlait, elle cédait toujours le pas à la langue latine. Comment donc faire adopter aux autres ce qu'on n'ose adopter soi-même ? C'est des Allemands que l'Europe apprit à négliger la langue allemande. Observons aussi que l'Empire n'a pas joué le rôle auquel son étendue et sa population l'appelaient naturellement : ce vaste corps n'eut jamais un chef qui lui fut proportionné ; et daus tous les tems cette ombre du trône des Césars, qu'on affectait de montrer anx nations, ne fut en effet qu'une ombre. Or, on ne saurait croire combien une langue emprunte d'éclat du prince et du peuple qui la parlent. Et lorsqu'enfin la maison d'Autriche, fière de toutes ses couronnes, a pu faire craindre à l'Europe une monarchie universelle, la politique s'est encore opposée à la fortune de la langue tudesque. Charles-Quint, plus attaché à son sceptre héréditaire qu'à un trône où son fils ne pouvait monter, fit réjaillir l'éclat des Césars sur la nation espagnole.

A tant d'osbtacles tirés de la situation de l'Empire, on peut en ajouter d'autres, fondés sur la nature même de la langue allemande : elle est trop riche et trop dure à la fois. N'ayant aucun rapport avec les langues anciennes, elle fut pour l'Europe une langue-mère, et son abondance effraya des têtes déjà fatiguées de l'étude du latin et du grec. En effet, un Allemand qui apprend la langue française ne fait pour ainsi dire qu'y descendre, conduit par la langue latine ; mais rien ne peut nous faire remonter du français à l'allemand : il aurait fallu se créer pour lui une nouvelle mémoire ; et sa littérature, il y a un siècle, ne valait pas un tel effort. D'ailleurs, sa prononciation gutturale choqua trop l'oreille des peuples du Midi ; et les imprimeurs allemands, fidèles à l'écriture gothique, rebutèrent des yeux accoutumés aux caractères romains.

Je sais tout ce que les hommes de goût de l'Allemagne, (car depuis un demi-siècle, sur-tout, il y a en Allemagne des hommes de goût), peuvent dire contre cette assertion; il est certain que, depuis cette époque, la prononciation a visiblement changé; de gutturale elle est devenue labiale, du moins c'est ainsi qu'on parle en Saxe, et il faut attribuer cette espèce de métamorphose aux beaux ouvrages des Gessner, des Wiéland et des Klopstock: mais ce fait ne détruit pas les principes: on s'apperçoit sans peine que les Allemands en contrariant, à force de goût, leur grammaire, luttent contre un torrent fait pour les entraîner: comme les consonnes dominent dans la langue, et qu'on les prononçait originairement avec force, il était tout simple de conclure, qu'avant le milieu du dix-huitième siècle les peuples de l'Empire parlaient du gosier d'une manière presque aussi pénible, quoiqu'infiniment moins difforme que les indigènes du Cap-de-Bonne-Espérance.

Ajoutons que, de ce pas fait vers la perfection de la prononciation Allemande, il est résulté une discordance singulière : c'est que la prononciation s'adoucissant de jour en jour, et l'hortographe étant inflexible, la langue restait dure à l'œil, tandis qu'elle devenait agréable à l'oreille. Cette observation s'étend sur la langue Anglaise, et même sur le Français du beau siècle de Louis XIV.

On peut donc établir pour règle générale, que, si l'homme du Nord est appellé à l'étude des langues méridionales, il faut de longues guerres dans l'Empire, pour faire surmonter aux peuples du Midi leur répugnance pour les langues septentrionales. Le genre humain est comme un fleuve qui coule du Nord au Midi ; rien ne peut le faire rebrousser contre sa source ; et voilà pourquoi l'universalité de la langue française est moins vraie pour l'Espagne et pour l'Italie que pour le reste de l'Europe. Ajoutez que l'Allemagne a presqu'autant de dialectes que de capitales : ce qui fait que ses écrivains s'accusent réciproquement de patavinité. On dit, il est vrai, que les plus distingués d'entr'eux ont fini par s'accorder sur un choix de mots et de tournures, qui met déjà leur langage à l'abri de cette accusation, mais qui le met aussi hors de la portée du peuple dans toute la Germanie.

Il reste à savoir jusqu'à quel point la révolution qui s'opère aujourd'hui dans la littérature des Germains, influera sur la réputation de leur langue. On peut seulement présumer que cette révolution s'est faite un peu tard, et que leurs écrivains ont repris les choses de trop haut. Des poëmes tirés de la Bible, où tout respire un air patriarchal, et qui annoncent des mœurs admirables, n'auront de charmes que pour une nation simple et sédentaire, presque sans ports et sans commerce, et qui ne sera peut-être jamais réunie sous un même chef. L'Allemagne offrira long-tems le spectacle d'un peuple antique et modeste, gouverné par une foule de princes amoureux des modes et du langage d'une nation attrayante et polie. D'où il suit que l'accueil extraordinaire que ces princes et leurs académies ont fait à un idiôme étranger, est un obstacle de plus qu'ils opposent à leur langue, et comme une exclusion qu'ils lui donnent.

La Monarchie espagnole pouvait, ce semble, fixer le choix de l'Europe. Toute brillante de l'or de l'Amérique, puissante dans l'Empire, maîtresse des Pays-Bas et d'une partie de l'Italie, les malheurs de François I.er lui donnaient un nouveau lustre, et ses espérances s'accroissaient encore des troubles de la France et du mariage de Philippe II avec la reine d'Angleterre. Tant de grandeur ne fut qu'un éclair. Charles-Quint ne put laisser à son fils la couronne impériale, et ce fils perdit la moitié des Pays-Bas. Bientôt l'expulsion des Maures et les émigrations en Amérique, blessèrent l'État dans son principe, et ces deux grandes plaies ne tardèrent pas à paraître. Aussi, quand ce colosse fut frappé par

Richelieu, ne put-il résister à la France, qui s'était comme rajeunie dans les guerres civiles : ses armées plièrent de tous côtés, sa réputation s'éclipsa. Peut-être, malgré ses pertes, sa décadence eût été moins prompte en Europe, si sa littérature avait pu alimenter l'avide curiosité des esprits qui se réveillait de toute part : mais le Castillan, substitué par-tout au patois Catalan, comme notre Picard l'avait été au Provençal; le Castillan, dis-je, n'avait point cette galanterie moresque, dont l'Europe fut quelque tems charmée, et le génie national était devenu plus sombre. Il est vrai que la folie des chevaliers-errans nous valut le *Dom-Quichotte*, et que l'Espagne acquit un théâtre : il est vrai qu'on parlait espagnol dans les cours de Vienne, de Bavière, de Bruxelles, de Naples et de Milan; que cette langue circulait en France avec l'or de Philippe, du tems de la ligue, et que le mariage de Louis XIII avec une Princesse espagnole maintint si bien sa faveur, que les courtisans la parlaient et que les gens de lettres empruntèrent la plupart de leurs pièces au théâtre de Madrid : mais le génie de Cervantes et celui de Lopès de Véga, ne suffirent pas long-tems à nos besoins. Le premier, d'abord traduit, ne perdit point à l'être ; le second, moins parfait, fut bientôt imité et surpassé. J'entends par les excellens tragiques Français ; car ce Lopès de Véga, dont la stérile fécondité a passé en proverbe peut être souvent comparé à Shakespéar, pour la force, l'abondance, le désordre et le mélange de tous les tons On s'apperçut donc que la magnificence de la langue espagnole et l'orgueil national cachaient une pauvreté réelle. L'Espagne n'ayant que le signe de la richesse, paya ceux qui commerçaient pour elle, sans songer qu'il faut toujours les payer davantage. Grave, peu communicative, subjuguée par des prêtres, elle fut pour l'Europe ce qu'était autrefois la mystérieuse Egypte, dédaignant des voisins qu'elle enrichissait, et s'enveloppant du manteau de cet orgueil politique qui a fait tous ses maux.

On peut dire que sa position fut un autre obstacle au progrès de sa langue. Le voyageur qui la visite y trouve encore les colonnes d'Hercule, et doit toujours revenir sur ses pas : aussi l'Espagne est-elle, de tous les royaumes, celui qui doit le plus difficilement réparer ses pertes, lorsqu'il est une fois dépeuplé.

Mais en supposant que l'Espagne

eût conservé sa prépondérance politique, il n'est pas démontré que sa langue fût devenue la langue usuelle de l'Europe. La majesté de sa prononciation invite à l'enflure, et la simplicité de la pensée se perd dans la longueur des mots et sous la plénitude des désinences. On est tenté de croire qu'en espagnol la conversation n'a plus de familiarité, l'amité plus d'épanchement, le commerce de la vie plus de liberté, et que l'amour y est toujours un culte. Charles-Quint lui-même, qui parlait plusieurs langues, réservait l'espagnol pour des jours de solennité et pour ses prières. En effet, les livres ascétiques y sont admirables; et il semble que le commerce de l'homme à Dieu se fasse mieux en Espagnol qu'en tout autre idiôme. Les proverbes y ont aussi de la réputation, parce qu'étant le fruit de l'expérience de tous les peuples, et le bon sens de tous les siècles réduit en formules, l'Espagnol leur prête encore une tournure plus sententieuse : mais les proverbes ne quittent pas les lèvres du petit peuple. Il paraît donc probable que ce sont et les défauts et les avantages de la langue espagnole, qui l'ont exclue à la fois de l'universalité.

Mais comment l'Italie ne donna-t-elle pas sa langue à l'Europe ? Centre du monde depuis tant de siècles, on était accoutumé à son empire et à ses lois, Aux Césars, qu'elle n'avait plus, avaient succédé les pontifes; et la religion lui rendait constamment les états que lui arrachait le sort des armes. Les seules routes praticables en Europe conduisaient à Rome; elle seule attirait les vœux et l'argent de tous les peuples, parce qu'au milieu des ombres épaisses qui couvraient l'Occident, il y eut toujours dans cette capitale une masse de lumières : et quand les beaux arts, exilés de Constantinople, se réfugièrent dans nos climats, l'Italie se réveilla la première à leur approche, et fut une seconde fois la Grande Grèce. Comment s'est-il donc fait qu'à tous ces titres elle n'ait pas été l'empire du langage ?

C'est que dans tous les tems les Papes ne parlèrent et n'écrivirent qu'en latin : c'est que pendant vingt siècles cette langue régna dans les républiques, dans les cours, dans les écrits et dans les monumens de l'Italie, et que le Toscan fut toujours appellé la *langue vulgaire*. Aussi, quand le Dante entreprit d'illustrer ses malheurs et ses vengeances, hésita-t-il long-tems entre le Toscan et le Latin. Il voyait que sa langue n'avait pas, même dans le Midi de l'Europe, l'éclat et la vogue du Provençal; et il pensait, avec son siècle, que l'immortalité était exclusivement attachée à la langue Latine. Pétrarque et Bocace eurent les mêmes craintes; et, comme le Dante, ils ne purent résister à la tentation d'écrire la plupart de leurs ouvrages en latin. Il est arrivé pourtant le contraire de ce qu'ils espéraient : c'est dans leur langue maternelle que leur nom vit encore; leurs œuvres latines sont dans l'oubli. Il est même à présumer que sans les sublimes conceptions de ces trois grands hommes, le patois des Troubadours aurait disputé le pas à la langue Italienne, au milieu même de la cour pontificale établie en Provence.

Quoiqu'il en soit, les poëmes bril-

lans

lans de beautés antiques et modernes, ayant fixé l'admiration de l'Europe, la langue Toscane acquit de l'empire. A cette époque le commerce de l'ancien monde passait tout entier par les mains de l'Italie : Pise, Florence, et sur-tout Vénise et Gènes, étaient les seules villes opulentes de l'Europe. C'est d'elles qu'il fallut, au tems des Croisades, emprunter des vaisseaux pour passer en Asie, et c'est d'elles que les Barons français, anglais et allemands, tiraient le peu de luxe qu'ils avaient. La langue Toscane règna sur toute la Méditerranée. Enfin, le beau siècle des Médicis arriva. Machiavel débrouilla le cahos de la politique, et Galilée sema les germes de cette philosophie, qui n'a porté des fruits que pour la France et pour le Nord de l'Europe. La sculpture et la peinture prodiguaient leurs miracles, et l'architecture marchait d'un pas égal. Rome se décora de chef-d'œuvres sans nombre, et l'Arioste et le Tasse portèrent bientôt la plus douce des langues à sa plus haute perfection dans les poëmes, qui seront toujours les premiers monumens de l'Italie et le charme de tous les hommes. Qui pouvait donc arrêter la domination d'une telle langue ?

D'abord, une cause tirée de l'ordre même des évènemens : cette maturité fut trop précoce. L'Espagne, toute politique et guerrière, parut ignorer l'existence du Tasse et de l'Arioste : l'Angleterre, théologique et barbare, n'avait pas un livre, et la France se débattait dans les horreurs de la Ligue (*a*). On

(*a*) L'histoire atteste que le Tasse était en France, à la suite de son protecteur,

dirait que l'Europe n'était pas prête, et qu'elle n'avait pas encore senti le besoin d'une langue universelle.

Une foule d'autres causes se présente. Quand la Grèce était un monde, dit fort bien Montesquieu, ses plus petites villes étaient des nations : mais ceci ne put jamais s'appliquer à l'Italie dans le même sens. La Grèce donna des lois aux barbares

---

le Cardinal d'Est, précisément, lorsque Charles IX y faisait sonner le tocsin de la Saint-Barthélemy : personne à Paris ne soupçonna alors que l'Homère de l'Italie était dans ses remparts, et quand on l'aurait soupçonné, on ne lui en aurait pas fait plus d'accueil ; à cette époque on voulait des Tragédies Révolutionnaires, et non des Poëmes épiques : un sermon bien fanatique, prêché par un Docteur de Sorbonne, se faisait applaudir bien plus qu'une philippique de Démosthène, ou un chant de l'Iliade.

qui l'environnaient ; et l'Italie qui ne sut pas, à son exemple, se former en république fédérative, fut tour-à-tour envahie par les Allemands, par les Espagnols et par les Français. Son heureuse position et sa marine auraient pu la soutenir et l'enrichir ; mais dès qu'on eut doublé le Cap-de-Bonne-Espérance, l'Océan reprit ses droits et le commerce des Indes ayant passé tout entier aux Portugais, l'Italie ne se trouva plus que dans un coin de l'univers. Privée de l'éclat des armes et des ressources du commerce, il lui restait sa langue et ses chef-d'œuvres : mais par une fatalité singulière, le bon goût se perdit en Italie au moment où il se réveillait en France. Le siècle des Corneille, des Pascal et des Molière, fut celui d'un Cavalier Marin, d'un Achillini et d'une foule d'auteurs plus méprisables encore. De sorte que si l'Italie avait conduit la France, il fallut ensuite que la France ramenât l'Italie.

Cependant l'éclat du nom Français augmentait ; l'Angleterre se mettait sur les rangs, et l'Italie se dégradait de plus en plus. On sentit généralement qu'un pays qui ne fournissait plus que des baladins à l'Europe, ne donnerait jamais assez de considération à sa langue. On observa que l'Italie, n'ayant pu, comme la Grèce, ennoblir ses différens dialectes, elle s'en était trop occupée (*a*). A cet égard, la France

(*a*) Le Dante avoue que de son tems, on parlait quatorze dialectes indistinctement en Italie, sans compter ceux qui étaient moins connus.: aujourd'hui, la bonne compagnie à Vénise, parle fort bien le Vénitien ; celle de Pise et de Florence, le Toscan pur, et paraît plus heureuse ; les patois y sont abandonnés aux provinces, et c'est sur eux que le peuple exerce ses caprices, tandis que la langue nationale est hors de ses atteintes.

Enfin le caractère même de la langue Italienne fut ce qui l'écarta le plus de cette universalité qu'obtient chaque jour la langue Française. On sait qu'elle distance sépare en Italie la poësie de la prose : mais ce qui doit étonner, c'est que le vers y ait réellement plus d'apreté, ou pour mieux dire, moins de mi-

---

ainsi des autres puissances ; leurs pièces de théâtre ont été infectées de ce mélange de tous les jargons : Métastase, qui s'est tant enrichi avec les Tragiques français, a enfin porté de nos jours, sur les théâtres d'Italie, une élégance et une pureté continue, dont il ne sera plus permis de s'écarter.

gnardise que la prose. Les loïs de la mesure et de l'harmonie ont forcé le poëte à tronquer les mots, et par ces sincopes fréquentes, il s'est fait une langue à part, qui, outre la hardiesse des inversions, a une marche plus rapide et plus ferme. Mais la prose, composée de mots dont toutes les lettres se prononcent, et roulant toujours sur des sons pleins, se traîne avec trop de lenteur; son éclat est monotone; l'oreille se lasse de sa douceur, et la langue de sa molesse: ce qui peut venir de ce que chaque mot étant harmonieux en particulier, l'harmonie du tout ne vaut rien. La pensée la plus vigoureuse se détrempe dans la prose Italienne. Elle est souvent ridicule et presqu'insupportable dans une bouche virile, parce qu'elle ôte à l'homme cette teinte d'austérité qui doit en être inséparable. Comme la langue Allemande, elle a des formes cerémonieuses (*a*), ennemies de la conversation, et qui ne donnent pas assez bonne opinion de l'espèce humaine. On y est toujours dans la fâcheuse alternative d'ennuyer ou d'insulter un homme. Enfin il paraît difficile d'être naïf ou vrai dans cette langue, et la plus simple assertion y est toujours renforcée du serment. Tels sont les inconvéniens de la prose italienne, d'ailleurs si riche et si flexible. Or, c'est la prose qui donne l'empire à une langue, parce qu'elle

---

(*a*) L'Arioste se plaint des Espagnols à cet égard, et les accuse d'avoir donné ces fo mes serviles à la langue Toscane, au tems de leurs conquêtes, et de leur séjour en Italie.

Dapoi che l'adulazione Epagnuola.
A posto la Signoria in Burdello.

Observons que l'Italien a plus de formes sacramentelles qu'aucune autre langue.

est toute usuelle : la poësie n'est qu'un objet de luxe.

Cependant soyons justes : il n'est permis de s'arrêter sur les défauts de la langue Italienne, qu'après s'être bien pénétré de ses beautés indigènes : Du Marsais, d'Olivet, le président de Brosses, sur-tout l'Académie de la Crusca, ont trop rélevé l'excellence du Toscan pur, pour qu'il soit permis aujourd'hui à un Français qui veut élever sa propre langue, de le déprimer sans mesure.

Le Toscan, né en grande partie d'un Latin vieilli, et par conséquent dégénéré, a dû s'amollir, sans-doute, parce qu'il alliait à sa force naissante les symptômes de la décrépitude de son modèle ; mais comme il était moins éloigné de sa source, que les autres dialectes Européens, il a moins contracté de barbarie.

En général, quoique la langue Italienne se plaise a atténuer l'articulation de l'organe vocal, quoiqu'elle abonde en diminutifs, qui caractérisent moins la grammaire franche et sévère de l'homme d'état, que la grammaire efféminée des boudoirs, quoique ces frivoles *Concetti* se soient emparés plus d'une fois de la Scène et de la Tribune aux Harangues, il faut avouer, avec les écrivains raisonnables, qu'elle est noble, sonore, harmonieuse, faite sur-tout pour l'expression pathétique du sentiment, quelquefois même sublime dans les grands mouvemens oratoires. Pour se convaincre avec quelle flexibilité cette belle langue se laisse manier par l'écrivain suppérieur, se plie à tous les tons et à tous les styles ; il suffit de lire avec attention, Beccaria, Métastase et l'Arioste.

D'ailleurs, malgré les objections légitimes que fait naître la mollesse de l'Italien et la dissonnance de sa poësie avec la prose, on sent bien que la patrie de Raphaël, de Michel-Ange et du Tasse, ne sera jamais sans honneur. C'est dans ce climat fortuné que la plus mélodieuse des langues s'est unie à la musique des anges, et cette alliance leur assure un empire éternel. C'est-là que les chef-d'œuvres antiques et modernes et la beauté du ciel attirent le voyageur, et que l'affinité des langues Toscane et Latine le fait passer avec transport de l'Énéïde à la Jérusalem. L'Italie, environnée de puissances qui l'humilient, a toujours droit de les charmer ; et sans doute que si les littératures anglaise et française n'avaient éclipsé la sienne, l'Europe aurait encore accordé plus d'hommages à une contrée deux fois mère des arts.

Dans ce rapide tableau des nations, on voit le caractère des peuples et le génie de leur langue marcher d'un pas égal, et l'un est toujours garant de l'autre. Admirable propriété de la parole, de montrer ainsi l'homme tout entier !

Des philosophes ont demandé si la pensée peut exister sans parole ou sans quelqu'autre signe : non sans doute. L'homme étant une machine très-harmonieuse, n'a pu être jetté dans le monde, sans s'y établir une foule de rapports. La seule présence des objets lui a donné des *sensations*, qui sont nos idées les

les plus simples, et qui ont bientôt amené les *raisonnemens*. Il a d'abord senti le plaisir et la douleur, et il les a nommés ; ensuite il a connu et nommé l'erreur et la vérité Or, *sensation et raisonnement*, voilà de quoi tout l'homme se compose : l'enfant doit sentir avant de parler, mais il faut qu'il parle avant de penser. Chose étrange! Si l'homme n'eût créé des signes, ses idées simples et fugitives, germant et mourant tour-à-tour, n'auraient pas laissé plus de traces dans son cerveau, que les flots d'un ruisseau qui passe n'en laissent dans ses yeux. Mais l'idée simple a d'abord nécessité le signe, et bientôt le signe à fécondé l'idée ; chaque mot a fixé la sienne, et telle est leur association, que si la parole est une pensée qui se manifeste, il faut que la pensée soit une parole intérieure et cachée. L'homme qui parle est donc l'homme qui pense tout haut; et si on peut juger un homme par ses paroles, on peut aussi juger une nation par son langage. La forme et le fond des ouvrages dont chaque peuple se vente n'y fait rien : c'est d'après le caractère et le génie de leur langue qu'il faut prononcer : car presque tous les écrivains suivent des règles et des modèles, mais une nation entière parle d'après son génie.

On demande souvent ce que c'est que le génie d'une langue, et il est difficile de le dire. Ce mot tient à des idées très-composées; il a l'inconvénient des idées abstraites et générales; on craint, en le définissant, de le généraliser encore. Mais afin de mieux rapprocher cette expression de toutes les idées qu'elle embrasse, on peut dire que la douceur ou l'âpreté des articulations, l'abondance ou la rareté des voyelles, la prosodie et l'étendue des mots, leur filiation, et enfin le nombre et la forme des tortures et des constructions qu'ils prennent entr'eux, sont les causes les plus évidentes du génie d'une langue ; et ces causes se lient au climat et au caractère de chaque peuple en particulier.

Il semble au premier coup-d'œil, que les proportions de l'organe vocal étant invariables, elles auraient dû produire par-tout les mêmes articulations et les mêmes mots, qu'on ne devrait entendre qu'un seul langage dans l'univers. Mais si les autres proportions du corps humain, non moins invariables, n'ont pas laissé de changer de nation à nation, et si les pieds, les pouces et les coudées d'un peuple ne sont pas ceux d'un autre, il fallait aussi que l'organe brillant et compliqué de la parole éprouvât de grands changemens de peuple en peuple, et souvent de siècle en siècle. La nature qui n'a qu'un modèle pour tous les hommes n'a pourtant pas confondu tous les visages sous la même physionomie. Ainsi quoiqu'on trouve les mêmes articulations radicales chez des peuples différens, les langues n'en ont pas moins varié comme la scène du monde; chantantes et voluptueuses dans les beaux climats, âpres et sourdes sous un ciel triste, elles ont constamment suivi la répétition et la fréquence des mêmes sensations.

Après avoir expliqué la diversité des langues par la nature même des choses, et fondé l'union du caractère d'un peuple et du génie de sa langue sur l'éternelle alliance de la parole et de la pensée, il est tems d'arriver aux deux peuples qui nous attendent, et qui doivent former cette lice des nations : peuples chez qui tout diffère, climat, langage, gouvernement, vices et vertus : peuples voisins et rivaux, qui après avoir disputé trois cents ans, non à qui aurait l'empire, mais à qui existerait, se disputent encore la gloire des lettres et se par tagent depuis un siècle les regards de l'univers.

L'Anglerre, sous un ciel nébuleux, et séparée du reste du monde, ne parut qu'un exil aux Romains ; tandis que la Gaule, ouverte à tous les peuples, et jouissant du ciel de la Grèce, faisait les délices des Césars. Première différence établie par la nature, et d'où dérive une foule d'autres différences. Ne cherchons pas ce qu'était la nation anglaise, lorsque, répandue dans les belles provinces de France, adoptant notre langue et nos mœurs, elle n'offrait pas une physionomie distincte; ni dans les tems où, consternée par le despotisme de Guillaume-le-Conquérant ou des Tudor, elle donnait à ses voisins des modèles d'esclavage; mais considérons la dans son île, rendue à son propre génie, parlant sa propre langue, florissante de ses loi, s'asseyant enfin à son véritable rang en Europe.

Par sa position et par la supériorité de sa marine, elle peut nuire à toutes les nations et les braver sans-cesse. Comme elle doit toute sa splendeur à l'Océan qui l'environne, il faut qu'elle l'habite, qu'elle le cultive, qu'elle se l'approprie : il faut que cet esprit d'inquiétude et d'impatience, auquel elle doit sa liberté, se consume au-dedans s'il n'éclate au dehors. Mais quand l'agitation est intérieure, elle peut être fatale au prince, qui, pour lui donner un autre cours, se hâte d'ouvrir ses ports; et les pavilions de l'Espagne, de la France ou de la Holande, sont bientôt insultés. Son commerce, qui s'est ramifié dans les quatre parties du monde, fait aussi qu'elle peut être blessée de mille manières différentes, et les sujets de guerre ne lui manquent jamais. De sorte qu'à toute l'estime qu'on ne peut refuser à une nation puissante et éclairée, les autres peuples joignent toujours un peu de haîne, mêlée de crainte et d'envie.

Mais la France qui a dans son sein une subsistance assurée et des richesses immortelles (*a*), agit

---

(*a*) Il y a un peu plus de deux cents ans,

contre ses intérêts et méconnaît son génie, quand elle se livre à l'esprit de conquête. Son influence est si grande dans la paix ou dans la guerre, que toujours maîtresse de donner l'une ou l'autre, il doit lui sembler doux de tenir dans ses mains la balance des empires, et d'associer le repos de l'Europe au sien. Par sa situation elle tient à tous les Etats; par sa juste étendue elle touche à ses véritables limites. Il faut donc que la France conserve et qu'elle soit conservée; ce qui la distingue de tous les peuples anciens et modernes. Le commerce des deux mers enrichit ses villes maritimes et vivifie son intérieur; et c'est de ses pro-

---

qu'en Angleterre, et en plein Parlement, un homme d'état observa que la France n'avait jamais été pauvre, trois ans de suite.

ductions qu'elle alimente son commerce ; si bien que tout le monde a besoin de la France, quand l'Angleterre a besoin de tout le monde. Aussi dans les cabinets de l'Europe, c'est plutôt l'Angleterre qui inquiète, c'est plutôt la France qui domine. Sa capitale, enfoncée dans les terres, n'a point eu, comme les villes maritimes, l'affluence des peuples ; mais elle a mieux senti et mieux rendu l'influence de son propre génie, le goût de son terroir, l'esprit de son gouvernement. Elle a attiré par ses charmes, plus que par ses richesses ; elle n'a pas eu le melange, mais le choix des nations ; les gens d'esprit y ont abondé, et son empire a été celui du goût. Les opinions éxagérées du Nord et du Midi, viennent y prendre une teinte qui plaît à tous. Il faut donc que la France craigne de détourner, par la guerre, l'heureux penchant de tous les peuples pour elle : quand on règne par l'opinion, a-t-on besoin d'un autre empire ?

Je suppose ici que, si le principe du gouvernement s'affaiblit chez l'une des deux nations, il s'affaiblit aussi dans l'autre, ce qui fera subsister long-tems le parallèle et leur rivalité : car si l'Angleterre avait tout son ressort, elle serait trop remuante ; et la France serait trop a craindre, si elle déployait toute sa force. Il y a pourtant cette observation à faire que le monde politique peut changer d'attitude, et la France n'y perdrait pas beaucoup. Il n'en est pas ainsi le l'Angleterre, et je ne puis prévoir jusqu'à quel point elle tombera, pour avoir plutôt songé à étendre sa domination que son commerce.

La différence de peuple à peuple n'est pas moins forte d'homme à homme. L'Anglais sec et taciturne joint à l'embarras et à la timidité de l'homme du Nord, une impatience, un dégoût de toute chose, qui va souvent jusqu'à celui de la vie : le Fançais a une saillie de gaîté qui ne l'abandonne pas ; et à quelque régime que leurs gouvernemens les ayent mis l'un et l'autre, ils n'ont jamais perdu cette première empreinte. Le Français cherche le côté plaisant de ce monde ; l'Anglais semble toujours assister à un drame : de sorte que ce qu'on a dit du Spartiate et de l'Athénien, se prend ici à la lettre : on ne gagne pas plus à ennuyer un Français qu'à divertir un Anglais. Celui-ci voyage pour voir ; le Français pour être vû. On n'allait pas beaucoup à Lacédémone, si ce n'est pour étudier son gouvernement ; mais le Français visité par toutes les nations, peut se croire dispensé de voyager chez elles, comme d'apprendre leurs langues, puisqu'il retrouve par-tout la sienne. En Angleterre, les hommes vivent beaucoup entr'eux; aussi les femmes qui n'ont pas quitté le tribunal domestique, ne peuvent entrer dans le tableau de la nation : mais on ne peindrait les Français que de profil, si on faisait le tableau sans elles; c'est de leurs vices et des nôtres, de la politesse des hommes et la coquetterie des femmes, qu'est née cette galanterie des deux sexes qui les corrompt tour-à-tour, et qui donne à la corruption même des formes si brillantes et si aimables. Sans avoir la subtilité qu'on reproche aux peuples du Midi, et l'excessive simplicité du Nord, la France a la politesse et la grace : et non-seulement elle a la grace et la politesse, mais

mais c'est elle qui en fournit les modèles dans les mœurs, dans les manières et dans les parures. Sa mobilité ne donne pas à l'Europe le tems de se lasser d'elle. C'est pour toujours plaire, que le Français change toujours; c'est pour ne pas trop se déplaire à lui-même, que l'Anglais est contraint de changer. On nous reproche l'imprudence et la fatuité; mais nous en avons tiré plus de parti, que nos ennemis de leur flegme et de leur fierté : la politesse ramène ceux qu'a choqués la vanité; il n'est point d'accomodement avec l'orgueil. On peut d'ailleurs en appeler au Français de quarante ans, et l'Anglais ne gagne rien aux délais. Il est bien des momens où le Français pourrait payer de sa personne; mais il faudra toujours que l'Anglais paye de son argent ou du crédit de sa nation. Enfin s'il est possible que le

Français n'ait acquis tant de graces et de goût qu'aux dépens de ses mœurs, il est encore très-possible que l'Anglais ait perdu les siennes, sans acquérir ni le goût ni les graces.

Quand on compare un peuple du Midi à un peuple du Nord, on n'a que des extrêmes à rapprocher : mais la France, sous un ciel tempéré, changeante dans ses manières et ne pouvant se fixer elle-même, parvient pourtant à fixer tous les goûts. Les peuples du Nord viennent y chercher et trouver l'homme du Midi, et les peuples du Midi y cherchent et y trouvent l'homme du Nord. *Plas mi Cavalier Francès*, c'est le chevalier Français qui me plaît, disait, il y a huit cens ans, ce Frédéric I qui avait vu toute l'Europe et qui était notre ennemi. Que devient maintenant le reproche si souvent fait au

Français, qu'il n'a pas le caractère de l'Anglais ? Ne voudrait-on pas aussi qu'il parlât la même langue ? La nature en lui donnant la douceur d'un climat, ne pouvait lui donner la rudesse d'un autre : elle l'a fait l'homme de toutes les nations, et son gouvernement ne s'oppose point au vœu de la nature.

J'avais d'abord établi que la parole et la pensée, le génie des langues et le caractère des peuples, se suivaient d'un même pas : je dois dire aussi que les langues se mêlent entr'elles comme les peuples ; qu'après avoir été obscures comme eux, elles s'élèvent et s'ennoblissent avec eux : une langue riche ne fut jamais celle d'un peuple ignorant et pauvre. Mais si les langues sont comme les nations, il est encore très-vrai que les mots sont comme les hommes. Ceux qui ont dans la société une famille et des alliances étendues, y ont aussi une plus grande consistance. C'est ainsi que les mots qui ont de nombreux dérivés et qui tiennent à beaucoup d'autres, sont les premiers mots d'une langue et ne vieilliront jamais; tandis que ceux qui sont isolés, ou sans harmonie, tombent comme des hommes sans recommandation et sans appui. Pour achever le parallèle, on peut dire que les uns et les autres ne valent qu'autant qu'ils sont à leur place. J'insiste sur cette analogie, afin de prouver combien le goût qu'on a dans l'Europe pour les Français, est inséparable de celui qu'on a pour leur langue; et combien l'estime dont cette langue jouit, est fondée sur celle que l'on sent pour la nation.

Voyons maintenant si le génie et les écrivains de la langue anglaise auraient pû lui donner cette universalité qu'elle n'a point obtenue du caractère et de la réputation du peuple qui la parle. Opposons sa langue à la nôtre, sa littérature à notre littérature, et justifions le choix de l'univers.

S'il est vrai qu'il n'y eut jamais ni langage ni peuple sans mélange, il n'est pas moins évident qu'après une conquête il faut du tems pour consolider le nouvel Etat, et pour bien fondre ensemble les idiômes et les familles des vainqueurs et des vaincus. Mais on est étonné, quand on voit qu'il a fallu plus de mille ans à la langue française, pour arriver à sa maturité. On ne l'est pas moins, quand on songe à la prodigieuse quantité d'écrivains qui ont fourmillé dans cette langue depuis le cinquième siècle jusqu'à la fin du seizième, sans compter ceux qui écrivaient en Latin.

Quelques monumens qui s'élèvent encore dans cette mer d'oubli, nous offrent autant de français différens : tels que celui de Saint Louis, des Romanciers qui suivirent la Croisade, d'Alain Chartier, de Froissard : ensuite celui de Marot, de Ronsard, d'Amiot, enfin la langue perfectionnée de Marot, qui est celle de nos grands hommes (*a*). Les changemens et les révolutions de la langue étaient si brusques, que le siècle où on vivait dispensait toujours de lire les ouvrages du siècle précédent. Les auteurs se traduisaient mutuellement de demi-siècle en demi-siècle, de patois en patois, de vers en

(*a*) On trouve la même bigarrure chez tous les Peuples : le Latin des douze Tables n'est pas celui d'Ennius : celui d'Ennius n'est pas celui de César ; et le Latin de César ne se reconnaît guère dans la Latinité lâche, incorrecte et hétérogène du moyen âge.

prose : et dans cette longue galerie d'écrivains, il ne s'en trouve pas un qui n'ait cru fermement que la langue était arrivée pour lui à sa dernière perfection. Pâquier affirmait de son tems, qu'il ne s'y connaissait pas, ou que Ronsard avait fixé la langue française.

A travers ces variations, on voit cependant combien le caractère de la nation influait sur elle : la construction de la phrase fut toujours directe et claire. La langue française n'eut donc que deux sortes de barbaries à combattre ; celle des mots et celle du mauvais goût de chaque siècle. Les conquérans français, en adoptant les expressions celtes et latines, les avaient marquées chacune à son coin : on eut une langue pauvre et décousue, où tout fut arbitraire, et le désordre régna dans la disette. Mais quand la Monarchie acquit plus de force et d'unité, il fallut refondre ces monnaies éparses et les réunir sous une empreinte générale, conforme d'un côté à leur origine, et de l'autre au génie même de la nation; ce qui leur donna une physionomie double : on se fit une écrite et une langue parlée, et ce divorce de l'orthographe et de la prononciation dure encore. Enfin le bon goût ne se développa tout entier que dans la perfection même de la société : la maturité du langage et celle de la nation arrivèrent ensemble.

En effet, quand l'autorité publique est affermie, que les fortunes sont assurées, les privilèges confirmés, les droits éclaircis, les rangs assignés; quand la nation heureuse et respectée jouit de la gloire au dehors, de la paix et du commerce au dedans;

lorsque dans la capitale un peuple immense se mêle toujours sans jamais se confondre : alors on commence à distinguer autant de nuances dans le langage que dans la société ; la délicatesse des procédés amène celle des propos ; les métaphores sont plus justes, les comparaisons plus nobles, les plaisanteries plus fines ; la parole étant le vêtement de la pensée, on veut des formes plus élégantes. C'est ce qui arriva aux premières années du règne de Louis XIV. Le poids de l'autorité royale fit rentrer chacun à sa place : on connut mieux ses droits et ses plaisirs : l'oreille plus exercée exigea une prononciation plus douce : une foule d'objets nouveaux demandèrent des expressions nouvelles : la langue française fournit à tout, et l'ordre s'établit dans l'abondance.

Il faut donc qu'une langue s'agite jusqu'à ce qu'elle se repose dans son propre génie, et ce principe explique un fait assez extraordinaire. C'est qu'aux treizième et quatorzième siècle, la langue française était plus près d'une certaine perfection, qu'elle ne le fut au seizième. Ses élémens s'étaient déjà incorporés; ses mots étaient assez fixes, et la construction de ses phrases, directe et régulière: il ne manquait donc à cette langue que d'être parlée dans un siècle plus heureux, et ce tems approchait. Mais, contre tout espoir, la renaissance des lettres la fit tout-à-coup rebrousser vers la barbarie. Une foule de poëtes s'élevèrent dans son sein, tels que les Jodelle, les Baïf et les Ronsard. Epris d'Homère et de Pindare, et n'ayant pas digéré les beautés de ces grands modèles, ils s'imaginèrent que la nation s'était trompée jusques-là, et que la langue française aurait bientôt le charme du grec, si on y transportait les mots composés, les diminutifs, les péjoratifs, et sur tout la hardiesse des inversions, choses précisément opposées à son génie. Le ciel fut *porte-flambeaux*, Jupiter *lance-tonnerre*; on eut des *agnelets doucelets*; on fit des vers sans rime, des hexamètres, des pentamètres; les métaphores basses ou gigantesques se cachèrent sous un style entortillé; enfin ces poëtes parlèrent grec en français, et de tout un siècle on ne s'entendit point dans notre poésie. C'est sur leurs sublimes échasses que le burlesque se trouva naturellement monté, quand le bon goût vint à paraître.

A cette même époque, les deux Reines Médicis donnaient une grande vogue à l'Italien, et les courtisans tâchaient de l'introduire de toute part dans la langue française. Cette irruption du grec et de l'Italien la troubla d'abord; mais, comme une liqueur déjà saturée, elle ne put recevoir ces nouveaux élémens: ils ne tenaient pas; on les vit tomber d'eux-mêmes.

Les malheurs de la France sous les derniers Valois, retardèrent la perfection du langage; mais la fin du règne de Henri IV et celui de Louis XIII, ayant donné à la nation l'avant-goût de son triomphe, la poésie française se montra d'abord sous les auspices de son propre génie. La prose plus sage ne s'en était pas écartée comme elle; témoins Amiot, Montagne et Charon; aussi, pour la première fois peut-être, elle précéda la poésie qui la devance toujours. Il

Il manque un trait à cette faible esquisse de la langue romance ou gauloise. On est persuadé que nos pères étaient tous naïfs; que c'était un bienfait de leur tems et de leurs mœurs, et qu'il est encore attaché à leur langage : si bien que certains auteurs empruntent aujourd'hui leurs tournures, afin d'être naïfs aussi. Ce sont des vieillards qui, ne pouvant parler en hommes, bégayent pour paraître enfans : le naïf qui se dégrade, tombe dans le niais. Voici donc comment s'explique cette naïveté gauloise.

Tous les peuples ont le naturel : il ne peut y avoir qu'un siècle très-avancé qui connaisse et sente le naïf. Celui que nous trouvons et que nous sentons dans le style de nos ancêtres, l'est devenu pour nous ; il n'était pour eux que le naturel.

C'est ainsi qu'on trouve tout naïf dans un enfant qui ne s'en doute pas. Chez les peuples perfectionnés et corrompus, la pensée a toujours un voile, et la modération exilée des mœurs se réfugie dans le langage; ce qui le rend plus fin et plus piquant. Lorsque, par une heureuse absence de finesse et de précaution, la phrase montre la pensée toute nue, le naïf paraît. De même chez les peuples vêtus, une nudité produit la pudeur: mais les nations qui vont nues, sont chastes sans être pudiques, comme les Gaulois étaient naturels sans être naïfs. On pourrait ajouter que ce qui nous fait sourire dans une expression antique, n'eut rien de plaisant dans son siécle, et que telle épigramme chargée du sel d'un vieux mot, eût été fort innocente, il y a deux cens ans. Il me semble donc qu'il est ridicule, quand on n'a pas la naïveté, d'en emprunter les livrées : nos grands écrivains l'ont trouvée dans leur ame, sans quitter leur langue, et celui qui, pour être naïf, emprunte une phrase d'Amiot, demanderait, pour être brave, l'armure de Bayard.

C'est une chose bien remarquable, qu'à quelqu'époque de la langue Française qu'on s'arrête, depuis sa plus obscure origine jusqu'à Louis XIII, et dans quelqu'imperfection qu'elle se trouve de siècle en siècle, elle ait toujours charmé l'Europe, autant que le malheur des tems l'a permis. Il faut donc que la France ait toujours eu une perfection relative et certains agrémens fondés sur sa position et sur l'heureuse humeur de ses habitans. L'histoire qui confirme par-tout la vérité, n'en dit pas autant de l'Angleterre.

Les Saxons l'ayant conquise, s'y établirent, et c'est de leur idiôme et de l'ancien jargon du pays que se forma la langue Anglaise, appelée *Anglo-Saxon*. Cette langue fut abandonnée au peuple, depuis la conquête de Guillaume jusqu'à Édouard III; intervalle pendant lequel la cour et les tribunaux d'Angleterre ne s'exprimèrent qu'en Français. Mais enfin la jalousie nationale s'étant réveillée, on exila une langue rivale que le génie anglais repoussait depuis longtems. On sent bien que les deux langues s'étaient mêlées malgré leur haine; mais il faut observer que les mots français qui émigrèrent en foule dans l'anglais, et qui se fondirent dans une prononciation et une sintaxe nouvelle, ne furent pourtant pas défigurés : si notre oreille les méconnaît, nos yeux les retrouvent encore; tandis que les mots latins qui entraient dans les différens jargons de l'Europe, furent toujours mutilés comme les obélisques et les statues qui tombaient entre les mains des Barbares. Cela vient de ce que les Latins ayant placé les nuances de la déclinaison et de la conjugaison dans les finales des mots, nos ancêtres qui avaient leurs articles, leurs pronoms et leurs verbes auxiliaires, tronquèrent ces finales qui leur étaient inutiles, et qui défiguraient le mot à leurs yeux. Mais dans les emprunts que les langues modernes se font entr'elles, le mot ne s'altère que dans la prononciation.

Pendant une espace de quatre cents ans, je ne trouve en Angleterre que Chaucer et Spencer. Le premier mérita, vers le milieu du quinzième siècle, d'être appelé l'Homère anglais :

notre Ronsard le mérita de même ; et Chaucer, aussi obscur que lui, fut encore moins connu. De Chaucer jusqu'à Shakespéar et Milton, rien ne transpire dans cette île célèbre ; et si vous en exceptés le Chancelier Bacon, et les personnages illustres de son siècle qui, en écrivant en latin, ont travaillé a l'avancement des sciences plutôt qu'au progrès de leur langue, sa littérature ne vaut pas un coup-d'œil.

Me voilà tout-à-coup revenu à l'époque où j'ai laissé la langue Française. La paix de Vervins avait appris à l'Europe sa véritable position : on vit chaque état se placer à son rang. L'Angleterre brilla pour un moment de l'éclat d'Élisabeth et de Cromwel, et ne sortit pas du pédantisme ; l'Espagne épuisée ne put cacher sa faiblesse ; mais la France montra toute sa force, et les lettres commencèrent sa gloire.

Si Ronsard avait bâti des chaumières avec des tronçons de colonnes grecques, Malherbe éleva le premier des monumens nationaux. Richelieu qui affectait toutes les grandeurs, abaissait d'une main la maison d'Autriche, et l'autre attirait à lui le jeune Cornelle, en l'honorant de sa jalousie. Ils fondaient ensemble ce théâtre, où, jusqu'à l'apparition de Racine, l'auteur du Cid régna seul. Préssentant les accroissemens et l'empire de la langue, il lui créait un tribunal, afin de devenir par elle lo législateur des lettres. A cette époque, une foule de génies vigoureux semparèrent de la langue Française, et lui firent parcourir rapidement toutes ses périodes, de Voiture jusqu'à Pascal, et de Racan jusqu'à Boileau.

Cependant l'Angleterre échappée à l'anarchie, avait repris ses premières formes, et Charles II était paisiblement assis sur un trône teint du sang de son père. Shakespear avait paru; mais son nom et sa gloire ne devait passer les mers que deux siècles après; il n'était pas alors, comme il l'a été depuis, l'idole de sa nation et le scandale de notre littérature. Son génie agreste et populaire déplaisait au prince et aux courtisans. Milton qui le suivit, mourut inconnu : sa personne était odieuse à la cour; le titre de son poëme rebuta : on ne goûta point des vers durs, hérissés de termes techniques, sans rime et sans harmonie, et l'Angleterre apprit un peu tard qu'elle possédait un poëme épique. Il y avait pourtant de beaux esprits et des poëtes à la cour de Charles : Cowley, Rochester, Hamilton, Waller y brillaient, et Shaftesbury hâtait le progrès de la pensée, en épurant la prose anglaise. Cette faible aurore se perdit tout-à-coup dans l'éclat du siècle de Louis XIV : les beaux jours de la France étaient arrivés.

Il y eut un admirable concours de circonstances. Les grandes découvertes qui s'étaient faites depuis cent ciquante ans dans le monde, avaient donné à l'esprit humain une impulsion que rien ne pouvait plus arrêter, et cette impulsion tendait vers la France. Paris fixa les idées flottantes de l'Europe, et devint le foyer des étincelles répandues chez tous les peuples. L'imagination de Descartes, règna dans la philosophie, la raison de Boileau dans les vers ; Bayle plaça le doute aux pieds de la vérité ; Bossuet tonna sur la tête des rois ; et nous comptâmes autant de genres d'éloquence que de grands hommes. Notre théâtre sur-tout achevait l'éducation de l'Europe : c'est-là que le grand Condé pleurait aux vers du grand Corneille, et que Racine corrigeait Louis XIV. Rome toute entière parut sur la scène française, et les passions parlèrent leur langage. Nous eûmes et ce Molière plus comique que les Grecs, et le Télémaque plus antique que les ouvrages des anciens, et ce Lafontaine qui ne donnant pas à la langue des formes si pures, lui prêtait les beautés les puls incommunicables. Nos livres, rapidement traduits en Europe, et même en Asie, devinrent les livres de tous les pays, de tous les goûts et de tous les âges. La Grèce vaincue sur le théâtre, le fut encore dans les pièces fugitives qui volèrent de bouche en bouche, et donnèrent des ailes à la langue Française. Les premiers journaux qu'on vit circuler en Europe, étaient français, et ne racontaient que nos victoires et nos chef-d'œuvres. C'est de nos académies qu'on s'entretenait, et la langue s'étendait par leurs correspondances. On ne parlait enfin que de l'esprit et des grâces françaises; tout se faisait au nom de la France, et notre réputatio ns'accroissait de notre réputation,

Aux productions de l'esprit se joignaient encore celles de l'industrie : des pompons et des modes accompagnaient nos meilleurs livres ch z l'étranger, parce qu'on voulait être par-tout raisonnable et frivole comme en France. Il arriva donc que nos voisins recevant sans cesse des meubles, des étoffes et des modes qui se renouvellaient sans cesse, manquèrent des termes pour les exprimer : ils furent comme accablés sous l'exubérance de l'industrie française ; si bien qu'il prit comme une impatience générale à l'Europe, et que, pour n'être pas séparés de nous, on étudia notre langue de tous côtés.

Depuis cette explosion, la France a continué de donner un théâtre, des habits, du goût, des manières, une langue, un nouvel art de vivre et des jouissances inconnues aux états qui l'entourent : sorte d'empire qu'aucun peuple n'a jamais exercé. Et comparez-lui, je vous prie, celui des Romains qui semèrent par-tout leur langue et l'esclavage, s'engraissèrent de sang, et détruisirent jusqu'à ce qu'ils fussent détruits !

On a beaucoup parlé de Louis XIV; je

je n'en dirai qu'un mot. Il n'avait ni le génie d'Alexandre, ni la puissance et l'esprit d'Auguste; mais pour avoir su régner, pour avoir connu l'art d'accorder ce coup-d'œil, ces faibles récompenses dont le talent veut bien se payer, Louis XIV marche dans l'histoire de l'esprit humain, à côté d'Auguste et d'Alexandre. Il fut le véritable Apollon du Parnasse français; les poëmes, les tableaux, les marbres ne respirèrent que pour lui. Ce qu'un autre eût fait par politique, il le fit par goût. Il avait de la grace; il aimait la gloire et les plaisirs; et je ne sais quelle tournure romanesque qu'il eut dans sa jeunesse, remplit les Français d'un enthousiasme qui gagna toute l'Europe. Il fallut voir ses bâtimens et ses fêtes; et souvent la curiosité des étrangers soudoya la vanité Française. En fondant à Rome une Colonie de peintres et sculpteurs, il faisait signer à la France une alliance perpétuelle avec les arts. Quelquefois son humeur magnifique allait avertir les princes étrangers du mérite d'un savant ou d'un artiste caché dans leurs états, et il en faisait l'honorable conquête. Aussi le nom français et le sien pénétrèrent jusqu'aux extrémités orientales de l'Asie. Notre langue domina comme lui dans tous les traités; et quand il cessa de dicter des lois, elle garda si bien l'empire qu'elle avait acquis, que ce fut dans une même langue, organe de son ancien despotisme, que ce Prince fut humilié vers la fin de ses jours. Ses prospérités, ses fautes et ses malheurs servirent également à la langue; elle s'enrichit à la révocation de l'édit de Nantes, de tout ce que perdait l'état. Les réfugiés emportèrent dans le Nord leur haine pour le Prince et leurs regrets pour la patrie, et ces regrets et cette haine s'exhalèrent en français.

Il semble que c'est vers le milieu du règne de Louis XIV que le royaume se trouva à son plus haut point de grandeur relative. L'Allemagne avait des princes nuls, l'Espagne était divisée et languissante, l'Italie avait tout à craindre, l'Angleterre et l'Écosse n'étaient pas encore unies, la Prusse et la Russie n'existaient pas. Aussi l'heureuse France, profitant de ce silence de tous les peuples, triompha dans la paix, dans la guerre et dans les arts. Elle occupa le monde de ses entreprises et de sa gloire. Pendant près d'un siècle, elle donna à ses rivaux et les jalousies littéraires et les alarmes politiques et la fatigue de l'admiration. Enfin l'Europe, lasse d'admirer et d'envier, voulut imiter : c'était un nouvel hommage. Des essaims d'ouvriers entrèrent en France et en rapportèrent notre langue et nos arts qu'ils propagèrent.

Vers la fin du siècle, quelques ombres se mêlèrent à tant d'éclat. Louis XIV vieillissant n'était plus heureux. L'Angleterre se dégagea des rayons de la France et brilla de sa propre lumière. De grands esprits s'élevèrent dans son sein. Sa langue s'était enrichie, comme son commerce, de la dépouille des nations. Pope, Adisson et Dryden en adoucirent les sifflemens, et l'anglais fut, sous leur plume, l'italien du Nord. L'enthousiasme pour Shakespéar et Milton se réveilla ; et cependant Loke posait les bornes de l'esprit humain, Newton trouvait la nature de la lumière et la loi de l'univers.

Aux yeux du sage, l'Angleterre s'honorait autant par la philosophie, que nous par les arts ; mais puisqu'il faut le dire, la place était prise : l'Europe ne pouvait donner deux fois le droit d'aînesse, et nous l'avions obtenu ; de sorte que tant de grands hommes, en travaillant pour leur gloire, illustrèrent leur patrie et l'humanité, plus encore que leur langue.

Supposons cependant que l'Angleterre eût été moins lente à sortir de la barbarie, et qu'elle eût précédé la France ; il me semble que l'Europe n'en aurait pas mieux adopté sa langue. Sa position n'appelle pas les voyageurs, et la France leur sert toujours de passage ou de terme. L'Angleterre vient elle-même faire son commerce chez les différens peuples, et on ne va point commercer chez elle. Or, celui qui voyage, ne donne pas sa langue ; il prendrait plutôt celles des autres : c'est presque sans sortir de chez lui que le Français à étendu la sienne.

Supposons enfin que par sa position, l'Angleterre ne se trouvât pas reléguée dans l'Océan, et qu'elle eût attiré ses voisins ; il est encore probable que sa langue et sa littérature n'auraient pu fixer le choix de l'Europe ; car il n'est point d'objection un peu forte contre la langue Allemande, qui n'ait encore de la force contre celle des Anglais : les défauts de la mère ont passé jusqu'à la fille. Il est vrai aussi que les objections contre la littérature anglaise, deviennent plus terribles contre celle des Allemands : ces deux peuples s'excluent l'un par l'autre.

Quoiqu'il en soit, l'événement à démontré que la langue Latine étant la vieille souche (*a*), c'était un des rejettons qui devait fleurir en Europe. On peut dire, en outre, que si l'Anglais a l'audace des langues à inversion, il en a l'obscurité, et que sa syntaxe est si bizarre, que la règle y a quelque fois moins d'applications que d'exceptions. On lui trouve des formes serviles qui éton-

(*a*) On sait bien que le Celte, ainsi que le prouvent Pelloutier, Gebelin, et le Brigant, contient les radicaux d'une foule de mots dans presque toutes les langues de l'Europe, sans en excepter la grecque et la latine : mais on est obligé, dans cette partie de la discussion, de suivre les idées reçues sur le Latin, comme sur l'Allemand, et de considérer les dernières, comme des langues-mères, qui ont leur racines à part : il n'y a pas de demi-vérités, quand on a l'art de se faire entendre.

nent dans la langue d'un peuple libre, et la rendent moins propre à la conversation que la langue Française, dont la marche est si leste et si dégagée. Ceci vient de ce que les Anglais ont passé du plus extrême esclavage à la plus haute liberté politique ; et que nous sommes arrivés d'une liberté presque démocratique, à une Monarchie presqu'absolue. Les deux nations ont gardé les livrées de leur ancien état, et c'est ainsi que les langues sont les vraies médailles de l'histoire. Enfin la prononciation de cette langue n'a ni la plénitude ni la fermeté de la nôtre.

J'avoue que la littérature des Anglais offre des monumens de profondeur et d'élévation, qui seront l'éternel honneur de l'esprit humain : et cependant leurs livres ne sont pas devenus les livres de tous les hommes ; ils n'ont pas quitté certaines mains ; il a fallu des essais et de la précaution pour n'être pas rébuté de leur ton, de leur goût et de leurs formes. Accoutumé au crédit immense qu'il a dans les affaires, l'Anglais semble porter cette puissance fictive dans les lettres, et sa littérature en a contracté un caractère d'exagération opposé au bon goût : elle se sent trop de l'isolement du peuple et de l'écrivain ; c'est avec une ou deux sensations que quelques Anglais ont fait un livre (*a*). Le dé-

---

(*a*) Il y en a un exemple bien remarquable dans le docteur Young ; ce poëte, si ennuyeux dans sa monotone sublimité, a composé ses *Nuits* avec une douzaine de mots, tels que *Génie*, *Silence*, *Nuit*, *Mélancolie* et *Phantôme* : ces termes, placés dans toutes sortes d'acceptions, et combinés avec toutes sortes de périodes, ont produit sous sa plume

sordre leur a plû, comme si l'ordre leur eût semblé trop près de je ne sais quelle servitude : aussi leurs ouvrages qu'on ne lit pas sans fruit, sont trop souvent dépourvus de charme ; et le lecteur y trouve la peine que l'écrivain ne s'est pas donnée.

Mais le Français, ayant reçu des impressions de tous les peuples de l'Europe, a placé le goût dans les opinions modérées, et ses livres composent la bibliothèque du genre-humain. Comme les Grecs, nous avons eu toujours dans le temple de la gloire, un autel pour les graces, et nos rivaux les ont trop oubliées. On peut dire par supposition, que si le monde finissait tout-à-coup, pour-

---

féconde deux volumes, que le Tourneur a traduits avec succès, et dont il n'a jamais pu voir de son vivant, une seconde édition.

faire place à un monde nouveau, ce n'est point un livre anglais, mais un excellent livre français qu'il faudrait lui léguer, afin de lui donner de notre espèce humaine une idée plus heureuse. A richesse égale, il faut que la sèche raison cède le pas à la raison ornée.

Ce n'est point l'amour de la patrie ni le préjugé national, qui m'ont conduit dans ce rapprochement des deux peuples ; c'est la nature et l'évidence des faits. Eh ! quelle est la nation qui loue plus franchement que nous? N'est-ce pas la France qui a tiré la littérature anglaise du fond de son île ? N'est-ce pas Voltaire qui a présenté Loke et même Newton à l'Europe ? Nous sommes les seuls qui imitions les Anglais, et quand nous sommes las de notre goût, nous y mêlons leurs caprices. Nous faisons entrer une mode anglaise dans l'immense tourbillon des nôtres, et le monde l'adopte au sortir de nos mains. Il n'en est pas ainsi de l'Angleterre : quand les peuples du Nord ont aimé la nation française, imité ses manières, exalté ses ouvrages, les Anglais se sont tûs, et ce concert de toutes les voix n'a été troublé que par leur silence.

Il me reste à prouver que si langue Française a conquis l'empire par ses livres, par l'humeur et par l'heureuse position du peuple qui la parle, elle le conserve par son propre génie.

La langue Française s'approche de la Grecque par ses lettres mouillées, qui lui donnent de la douceur et de la mollesse, ainsi que par ses Diphtongues, qui rendent sa prononciation plus sonore et plus harmonieuse; et si si ces avantages ne lui font pas soutenir long-tems le parallèle avec la langue des Thucydide et des Sophocle, il faut l'attribuer à la faiblesse de sa prosodie, à son Rythme peu accentué et à la monotonie de sa prose rimée en vers Alexandrins, qu'elle a substituée à la marche variée des héxamètres.

Mais ces défauts sont bien rachetés, (et c'est ce qui distingue le Français des langues anciennes et modernes) par l'ordre et la construction de la phrase. Cet ordre doit toujours être direct et nécessairement clair. Le Français nomme d'abord le *sujet* du discours, ensuite le *verbe* qui est l'action, et enfin *l'objet* de cette action : voilà la logique naturelle à tous les hommes ; voilà ce qui constitue le sens commun. Or, cet ordre si favorable, si nécessaire au raisonnement, est presque toujours contraire aux sensations, qui nomment le premier l'objet qui frappe le premier : c'est pourquoi tous les peuples, abandonnant l'ordre direct, ont eu recours aux tournures plus ou moins hardies, selon que leurs sensations ou l'harmonie des mots l'exigeaient ; et l'inversion a prévalu sur la terre, parce que l'homme est plus impérieusement gouverné par les passions que par la raison.

Le Français, par un privilège unique, est seul resté fidelle à l'ordre direct, comme s'il était tout raison; et on a beau, par les mouvemens les plus variés et toutes les ressources du style, déguiser cet ordre, il faut toujours qu'il existe : et c'est envain que les passions nous bouleversent et nous sollicitent de suivre l'ordre des sensations ; la syntaxe française est incorruptible. C'est de-là que résulte cette admirable clarté, base éternelle de notre langue. CE QUI N'EST PAS CLAIR N'EST PAS FRANÇAIS ; ce qui n'est pas clair est encore anglais, italien, grec ou latin. Pour apprendre les langues à inversions, il suffit de connaître les mots et leurs régimes ; pour apprendre la langue Française, il faut encore retenir l'arrangement des mots. On dirait que c'est d'une géométrie tout élémentaire, de la simple ligne droite que s'est formée la langue Française ; et que ce sont les courbes et leurs variétés infinies qui ont présidé aux langues Grecque et Latine. La nôtre règle et conduit la pensée ; celles-là se précipitent et s'égarent avec elle dans le labyrinthe des sensations, et suivent tous les caprices de l'harmonie : aussi furent-elles merveilleuses pour les oracles, et la nôtre les eût absolument décriés.

Il est arrivé de-là que la langue Française a été moins propre à la musique et aux vers qu'aucune langue ancienne ou moderne : car ces deux arts vivent de sensations ; la musique sur-tout, dont la propriété est de donner de la force à des paroles sans verve, et d'affaiblir les expressions fortes : preuve incontestable qu'elle est elle-même une puissance à part, et qu'elle repousse tout ce qui veut partager avec elle l'empire des sensations. Qu'Orphée redise sans cesse : *J'ai perdu mon Euridice*, la sensation grammaticale d'une phrase tant répétée sera bientôt nulle, et la sensation musicale ira toujours croissant. Et ce n'est point, comme on l'a dit, parce que les mots français ne sont pas sonores, que la musique les repousse ; c'est parce qu'ils offrent l'ordre et la suite, quand le chant demande le désordre et l'abandon. La musique doit bercer l'ame dans le vague et ne lui présenter que des motifs. Malheur à celle dont on dira qu'elle a tout défini ! Les accords plaisent à l'oreille par la même raison que les saveurs et les parfums plaisent au goût et à l'odorat.

Mais si la rigide construction de la phrase gêne la marche du musicien, l'imagination du poëte est encore arrêtée par le génie circonspect de la langue. Les métaphores des poëtes étrangers ont toujours un degré de plus que les nôtres (a) ;

(a) Virgile dit par exemple .... *Capulo tenus abdidit ensem*, il *cacha* son épée, jusqu'à la garde, dans le sein de Priam : et

ils serrent le style figuré de plus près, et leur poésie est plus haute en couleur. Il est généralement vrai que les figures orientales étaient folles; que celles des Grecs et des Latins ont été hardies, et que les nôtres sont simplement justes. Il faut donc que le poëte français plaise par la pensée, par une élégance continue, par des mouvemens heureux, par des alliances de mots. C'est ainsi que les grands maîtres n'ont pas laissé de cacher d'heureuses hardiesses dans le tissu d'un style clair et sage; et c'est de l'artifice avec lequel ils ont su déguiser leur

---

nous disons, il l'*enfonça* : or il y a un degré entre *enfoncer* et *cacher*, et nous nous arrêtons au premier. Nous traduisons *ingrato cineri* par *cendre insensible* : cependant cette cendre est *ingrate*, si elle est *insensible* aux pleurs qu'on verse sur elle, mais nous nous arrêtons à l'épithète d'*insensible*.

fidélité au génie de leur langue, que résulte tout le charme de leur style. Ce qui fait croire que la langue française, sobre et timide, serait encore la dernière des langues, si la masse de ses bons écrivains ne l'eût poussée au premier rang, en forçant son naturel.

Un des plus grands problèmes qu'on puisse proposer aux hommes, est cette constance de l'ordre régulier dans notre langue. Je conçois bien que les Grecs et même les Latins, ayant donné une famille à chaque mot et de riches modifications à leurs finales, se soient livrés aux plus hardies tournures pour obéir aux impressions qu'ils recevaient des objets : tandis que dans nos langues modernes l'embarras des conjugaisons et l'attirail des articles, la présence d'un nom mal apparenté ou d'un verbe défectueux, nous font tenir sur nos gardes, pour éviter l'obscurité. Mais pourquoi, entre les langues modernes, la nôtre s'est-elle trouvée seule si rigoureusement asservie à l'ordre direct? Serait-il vrai que par son caractère la nation française eût souverainement besoin de clarté?

Tous les hommes ont ce besoin sans doute; et je ne croirai jamais que dans Athènes et dans Rome les gens du peuple ayent usé de fortes inversions. On voit même leurs plus grands écrivains se plaindre de l'abus qu'on en faisait en vers et en prose. Ils sentaient que l'inversion était l'unique source des difficultés et des équivoques dont leurs langues fourmillent; parce qu'une fois l'ordre du raisonnement sacrifié, l'oreille et l'imagination, ce qu'il y a de plus capricieux dans l'homme, restent maîtresses du discours. Aussi, quand on lit Démétrius de Phalère, est-on frappé des éloges qu'il donne à Thucydide, pour avoir débuté dans son histoire, par une phrase de construction toute française. Cette phrase était élégante et directe à la fois; ce qui arrivait rarement; car toute langue accoutumée à la licence des inversions, ne peut plus porter le joug de l'ordre, sans perdre ses mouvemens et sa grace.

Mais la langue française ayant la clarté par excellence, a dû chercher toute son élégance et sa force dans l'ordre direct; l'ordre et la clarté ont dû sur-tout dominer dans la prose, et la prose a dû lui donner l'empire. Cette marche est dans la nature: rien n'est en effet comparable à la prose française.

Il y a des pièges et des surprises dans les langues à inversions : le lecteur reste suspendu dans une phrase latine, comme un voyageur devant des routes qui se croisent ; il attend que toutes les finales l'ayent averti de la correspondance des mots ; son oreille reçoit ; et son esprit, qui n'a cessé de décomposer pour composer encore, résout enfin le sens de la phrase comme un problême. La prose française se développe en marchant et se déroule avec grace et noblesse. Toujours sûre de la construction de ses phrases, elle entre avec plus de bonheur dans la discussion des choses abstraites, et sa sagesse donne de la confiance à la pensée. Les philosophes l'ont adoptée, parce qu'elle sert de flambeau aux sciences qu'elle traite ; et qu'elle s'accomode également, et de la frugalité didactique, et de la magnificence qui convient à l'histoire de la nature.

On ne dit rien en vers qu'on ne puisse très-souvent exprimer aussi bien dans notre prose; et cela n'est pas toujours réciproque. Le prosateur tient plus étroitement sa pensée et la conduit par le plus court chemin; tandis que le versificateur laisse flotter ses rênes, et va où la rime le pousse. Notre prose s'enrichit de tous les trésors de l'expression; elle poursuit le vers dans toutes ses hauteurs, et ne laisse entr'elle et lui que la rime. Étant commune à tous les hommes, elle a plus de juges que la versification, et sa difficulté se cache sous une extrême facilité. Le versificateur enfle sa voix, s'arme de la rime et de la mesure, et tire une pensée commune du sentier vulgaire: mais aussi que de faiblesse ne cache pas l'art des vers ! La prose accuse le nu de la pensée ; il n'est pas permis d'être faible avec elle. Selon Denis d'Halycarnasse, il y a une prose qui vaut mieux que les meilleurs vers, et c'est elle qui fait lire les ouvrages de longue halaine ; parce qu'elle seule peut se charger des détails, et que la variété de ses périodes lasse moins que le charme continu de la rime et de la mesure. Et qu'on ne croie pas que je veuille par-là dégrader les beaux vers : l'imagination pare la prose, mais la poésie pare l'imagination. La raison elle-même a plus d'une route, et la raison en vers est admirable ; mais le méchanisme des vers fatigue, sans offrir à l'esprit des tournures plus hardies : dans notre langue sur-tout, où les vers semblent être les débris de la prose qui les a précédés ; tandis que chez les Grecs, Sauvages plus harmonieusement organisés que nos ancêtres,

cêtres, les vers et les dieux régnèrent long-tems avant la prose et les rois. Aussi peut-on dire que leur langue fut long-tems chantée avant d'être parlée ; et la nôtre, à jamais dénuée de prosodie, ne s'est dégagée qu'avec peine de ses articulations rocailleuses. De-là nous est venue cette rime, tant reprochée à la versification moderne, et pourtant si nécessaire pour lui donner cet air de chant qui la distingue de la prose. Au reste les anciens n'eurent pas le retour des mesures comme nous celui des sons ; et n'est-ce pas ainsi que tous les arts ont leurs rimes, qui sont les symétries ? Un jour, cette rime des modernes aura de grands avantages pour la postérité : car il s'élèvera des Scholiastes qui compileront laborieusement toutes celles des langues mortes ; et comme il n'y a presque pas un mot qui n'ait passé par la rime, ils fixeront par-là une sorte de prononciation uniforme et plus ou moins semblable à la nôtre; ainsi que par les lois de la mesure, nous avons fixé la valeur des syllabes chez les Grecs et les Latins.

Quoiqu'il en soit de la prose et des vers français, quand cette langue traduit, elle explique véritablement un auteur. Mais les langues Italienne et Anglaise, abusant de leurs inversions, se jettent dans tous les moules que le texte leur présente : elles se calquent sur lui, et rendent difficulté pour difficulté : je n'en veux pour preuve que Davanzati. Quand le sens de Tacite se perd, comme un fleuve qui disparaît tout-à-coup sous la terre, le traducteur se plonge et se dérobe avec lui. On les voit ensuite reparaître ensemble : ils ne se quittent pas l'un l'autre ; mais le lecteur les perd souvent tous deux.

La prononciation de la langue Française porte l'empreinte de son caractère : elle est plus variée que celle des langues du Midi, mais moins éclatante ; elle est plus douce que celle des langues du Nord, parce qu'elle n'articule pas toutes ses lettres. le son de l'E muet, toujours semblable à la dernière vibration des corps sonores, lui donne une harmonie légère qui n'est qu'à elle.

Si on ne lui trouve pas les diminutifs et les mignardises de la langue Italienne, son allure est plus mâle. Dégagée de tous les protocoles, que la bassesse inventa pour la vanité et la faiblesse pour le pouvoir, elle en est plus faite pour la conversation, lien des hommes et charme de tous les âges ; et, puisqu'il faut le dire, elle est de toutes les langues, la seule qui ait une probité attachée à son génie. Sûre, sociale, raisonnable, ce n'est plus la langue Française, c'est la langue humaine. Et voilà pourquoi les puissances l'ont appelée dans leurs traités : elle y règne depuis les conférences de Nimègue, et désormais les intérêts des peuples et les volontés des rois reposeront sur une base plus fixe : on ne semera plus la guerre dans des paroles de paix (*a*).

Aristippe ayant fait naufrage, aborda dans un île inconnue ; et voyant des figures de géométrie tra-

---

(*a*) L'Histoire de la Grande-Bretagne rapporte que dans le fameux procès des Régicides, un des juges de Charles I se sauva de l'échafaud par une équivoque : *Si alii consentiunt, ego non dissentio ;* il ponctua ainsi son opinion, *Si alii consentiunt, ego non : dissentio.*

cées sur le rivage, il s'écria, que les dieux ne l'avaient pas conduit chez des barbares. Quand on arrive chez un peuple, et qu'on y trouve la langue Française, on peut se croire chez un peuple poli.

Leibnitz cherchait une langue universelle, et nous l'établissions autour de lui. Ce grand homme sentait que la multitude des langues était fatale au génie, et prenait trop sur la brièveté de la vie. Il est bon de ne pas donner trop de vêtemens à sa pensée : il faut, pour ainsi dire, voyager dans les langues ; et après avoir savouré le goût des plus célèbres, se renfermer dans la sienne.

Si nous avions les littératures de tous les peuples passés, comme nous avons celle des Grecs et des Romains, ne faudrait-il pas que tant de langues se refugiassent dans une seule par la traduction ? Ce sera vraisemblablement le sort des langues modernes, et la nôtre leur offre un port dans le naufrage. l'Europe présente une république fédérative, composée d'empires et de royaumes, et la plus redoutable qui ait jamais existé ; on ne peut en prévoir la fin, et cependant la langue Française doit encore lui survivre. Les états se renverseront et notre langue sera toujours retenue dans la tempête par deux ancres, sa littérature et sa clarté, jusqu'au moment où, par une de ces grandes révolutions qui remettent les choses à leur premier point, la nature vienne renouveller ses traités avec un autre genre-humain.

Mais sans attendre l'effort des siècles, cette langue ne peut-elle pas se corrompre ? Une telle question mènerait trop loin : il faut seulement soumettre la langue Française au principe commun à toutes les langues.

Le langage est la peinture de nos idées, qui a leur tour sont des images plus ou moins étendues de quelques parties de la nature. Comme il existe deux mondes pour chaque homme en particulier, l'un hors de lui, qui est le monde physique; et l'autre, au dedans, qui est le monde moral ou intellectuel, il y a aussi deux styles dans le langage, *le naturel* et *le figuré*. Le premier exprime ce qui se passe hors de nous et dans nous, par des causes physiques; il compose le fond des langues, s'étend par l'expérience, et peut être aussi grand que la nature. Le second exprime ce qui se passe dans nous et hors de nous; mais c'est l'imagination qui le compose des emprunts qu'elle fait au premier. *Le soleil brûle, le marbre est froid, l'homme desire la gloire*; voilà le langage propre, ou naturel. *Le cœur brûle de desir; la crainte le glace; la terre demande de la pluie*: voilà le style figuré, qui n'est que le simulacre de l'autre et qui double ainsi la richesse des langues. comme il tient à l'idéal, il paraît plus grand que la nature.

L'homme le plus dépourvu d'imagination, ne parle pas long-tems sans tomber dans la méthaphore. Or, c'est ce perpétuel mensonge de la parole, c'est le style métaphorique qui porte un germe de corruption. Le style naturel ne peut être que vrai; et quand il est faux, l'erreur est de fait, et nos sens la corrigent tôt ou tard. Mais les erreurs dans les figures ou dans les métaphores, annoncent de la fausseté dans l'esprit, et un amour de l'exagération qui ne se corrige guères.

Une langue vient donc à se corrompre, lorsque confondant les limites qui sépare le style naturel du figuré, on met de l'affectation à outrer les figures et à rétrécir le naturel qui est la base, pour charger d'ornemens superflus l'édifice de l'imagination. Par exemple, il n'est point d'art ou de profession dans la vie, qui n'ait fourni des expressions figurées au langage : on dit, *la trame de la perfidie*; *le creuset du malheur*; et on voit que ces expressions sont comme à la porte de nos atteliers, et s'offrent à tous les yeux. Mais quand on veut aller plus avant et qu'on dit ; *cette vertu qui sort du creuset, n'a pas perdu tout son alliage ; il lui faut plus de cuisson* : lorsqu'on passe de la trame de la perfidie, *à la navette de la fourberie*, on tombe dans l'affectation.

C'est ce défaut qui perd les écrivains des nations avancées; ils veulent être neufs, et ne sont que bizarres; ils tourmentent leur langue, pour que l'expression leur donne la pensée, et c'est pourtant celle-ci qui doit toujours amener l'autre. Ajoutons qu'il y a une seconde espèce de corruption, mais qui n'est pas à craindre pour la langue Française: c'est la bassesse des figures. Ronsard disait, *le soleil perruqué de lumière; la voile s'enfle à plein ventre*. Ce défaut précède la maturité des langues, et disparaît avec la politesse.

Par tous les mots et par toutes les expressions dont les arts et les métiers ont enrichi les langues, il semble qu'elles ayent peu d'obligations aux gens de la cour et du monde : mais si c'est la partie laborieuse d'une nation qui crée, c'est la partie oisive qui choisit et qui règne. Le travail et le repos sont pour l'une ; le loisir et les plaisirs pour l'autre. C'est au goût dédaigneux, c'est a l'ennui d'un peuple d'oisifs que l'art a dû ses progrès et ses finesses. On sent en effet que tout est bon pour l'homme de cabinet et de travail, qui ne cherche le soir qu'un délassement dans les spectacles et les chef-d'œuvres des arts : mais pour des ames excédées de plaisirs et lasses de repos, il faut sans cesse des attitudes nouvelles et des sensations toujours plus exquises.

Peut-être est-ceici le lieu d'examiner ce reproche de pauvreté et d'extrême délicatesse, si souvent fait à la langue Française. Sans doute, il est difficile d'y tout exprimer avec noblesse ; mais voilà précisément ce qui constitue en quelque sorte son caractère. Les styles sont classés dans notre langue, comme les sujets dans notre Monarchie. Deux expressions qui conviennent à la même chose, ne conviennent pas au même ordre de choses ; et c'est à travers cette hiérarchie des styles que le bon goût sait marcher. On peut ranger nos grands écrivains en deux classes : les premiers, tels que Racine et Boileau doivent tout à un grand goût et à un travail obstiné ; ils parlent un langage parfait dans ses formes, sans mélange, toujours idéal, toujours étranger au peuple qui les environne : ils deviennent les écrivains de tous les tems, et perdent bien peu dans la postérité. Les seconds, nés avec plus d'originalité, tels que Molière ou Lafontaine, revêtent

revêtent leurs idées de toutes les formes populaires ; mais avec tant de sel, de goût et de vivacité, qu'ils sont à la fois les modèles et les répertoires de leur langue. Cependant leurs couleurs plus locales s'effacent à la longue ; le charme du style mêlé s'affadit ou se perd ; et ces auteurs ne sont pour la postérité, qui ne peut les traduire, que les écrivains de leur nation. Il serait donc aussi injuste de juger de l'abondance de notre langue par le Télémaque ou Cinna seulement, que de la population de la France par le petit nombre appelé *la bonne compagnie*.

J'aurais pu examiner jusqu'à quel point et par combien de nuances, les langues passent et se dégradent en suivant le déclin des Empires. Mais il suffit de dire, qu'après s'être élevées d'époque en époque, jusqu'à la perfection, c'est en vain qu'elles en descendent : elles y sont fixées par les bons livres, et c'est en devenant langues mortes, qu'elles se font réellement immortelles. Le mauvais latin du Bas-Empire n'a-t-il pas donné un nouveau lustre à la belle latinité du siècle d'Auguste ? Les grands écrivains ont tout fait. Si notre France cessait d'en produire, la langue de Racine et de Voltaire deviendrait une langue morte ; et si les Esquimaux nous offraient tout-à-coup douze écrivains du premier ordre, il faudrait bien que les regards de l'Europe se tournassent vers cette littérature des Esquimaux.

Terminons, il est tems, l'histoire déjà trop longue de la langue française. Le choix de l'Europe est expliqué et justifié ; voyons d'un coup-d'œil, comment, sous le règne de Louis XV, il a été confirmé, et comment il se confirme encore de jour en jour.

Louis XIV se survivant à lui-même, voyait commencer un autre siècle; et la France ne s'était reposée qu'un moment. La philosophie de Newton attira d'abord nos regards, et Fontenelle nous la fit aimer en la combattant. Astre doux et paisible, il régna pendant le crépuscule qui sépara les deux règnes. Son style clair et familier s'exerçait sur des objets profonds, et nous déguisait notre ignorance. Montesquieu vint ensuite montrer aux hommes les droits des uns et les usurpations des autres, le bonheur possible et le malheur réel. Pour écrire l'histoire grande et calme de la nature, Buffon emprunta ses couleurs et sa majesté; pour en fixer les époques, il se transporta dans des tems qui n'ont point existé pour l'homme, et là son imagination rassembla plus de siècles, que l'histoire n'en a depuis gravé dans ses annales : de sorte que ce qu'on appelait le commencement du monde, et qui touchait pour nous aux ténèbres d'une éternité antérieure, se trouve placé par lui entre deux suites d'évènemens, comme entre deux foyers de lumière. Désormais l'histoire du globe précédera celle de ses habitans. Idée grande, jetée au hasard par Buffon, et ramassée de nos jours par un de nos meilleurs écrivains, par celui qui nous a donné l'*Histoire des Hommes*.

Par tout on voyait la philosophie mêler ses fruits aux fleurs de la littérature, et l'encyclopédie était annoncée. C'est l'Angleterre qui avait tracé ce vaste bassin où doivent se rendre nos diverses connaissances; mais il fut creusé par des mains françaises. L'éclat de cette entreprise réjaillit sur la nation et couvrit le malheur de nos armes. En même tems un roi du Nord faisait à notre langue, l'honneur que Marc-Aurèle et Julien firent à celle des Grecs : il associait son immortalité à la nôtre; Frédéric voulut être loué des Français, comme Alexandre des Athéniens. Au sein de tant de gloire, parut le philosophe de Genève. Ce que la morale avait jusqu'ici enseigné aux hommes, il le commanda, et son impérieuse éloquence fut écoutée. (*a*) Raynal donnait enfin aux deux

(*a*) En louant cette grande histoire, dont Raynal n'a guère été que le rédacteur, je n'ai pas prétendu défendre les déclamations

mondes le livre où sont pesés les crimes de l'un et les malheurs de l'autre. C'est là que les puissances de l'Europe sont appelées tour-à-tour, au tribunal de l'humanité, pour y frémir des barbaries exercées en Amérique ; au tribunal de la philosophie, pour y rougir des préjugés qu'elles laissent encore aux nations ; au tribunal de la politique, pour y entendre leurs véritables intérêts, fondés sur le bonheur des peuples.

Mais Voltaire régnait depuis un

---

trop fréquentes qui la déparent, et qui ont été rejettées par le goût, avant de l'être par l'église et les parlemens : je n'ai donc loué que le plan et les idées fondamentales de l'histoire des deux Indes : les fautes d'exécution, les bigarrures de style, et les erreurs dans les faits sont aussi nombreuses qu'inexcusables.

siècle, et ne donnait de relâche, ni à ses admirateurs ni à ses ennemis. L'infatigable mobilité de son ame de feu, l'avait appelé à l'histoire fugitive des hommes. Il attacha son nom à toutes les découvertes, à tous les évènemens, à toutes les révolutions de son tems, et la renommée s'accoutuma à ne plus parler sans lui. Ayant caché le despotisme de l'esprit sous des graces toujours nouvelles, il devint une puissance en Europe, et fut our elle le Français par excellence, lorsqu'il était pour les Français l'homme de tous les lieux et de tous les siècles. Il joignit enfin à l'universalité de sa langue, son universalité personnelle; et c'est un problême de plus pour la postérité.

. . . .

Ces grands-hommes nous échappent, il est vrai, mais nous vivons encore de leur gloire, et nous la soutiendrons, puisqu'il est donné de faire (*a*) dans le monde physique les pas de géant qu'ils ont faits dans le monde moral. L'airain vient de parler entre les mains d'un Français, et l'immortalité que les livres donnent à notre langue, des automates vont la donner à sa prononciation. C'est en France et à la face des nations, que deux hommes se sont trouvés entre le ciel et la terre, comme s'ils eussent rompu le contrat

(*a*) Sans doute que les découvertes physiques ne font rien à la langue d'un peuple et à sa littérature, mais elles augmentent son éclat et sa gloire, et lui attirent les regards de l'Europe. Tous les arts et tous les genres de réputation entrent dans l'objet de ce discours : si un Français eût inventé la poudre ou l'imprimerie, on en eut fait mention ici.

éternel que tous les corps ont fait avec elle. Ils ont voyagé dans les airs, suivis des cris de l'admiration, et des alarmes de la reconnaissance. La commotion qu'un tel spectacle a laissée dans les esprits durera long-tems; et si, par ses découvertes, la physique poursuit ainsi l'imagination dans ses derniers retranchemens, il faudra bien qu'elle abandonne ce merveilleux, ce monde idéal d'où elle se plaisait à charmer et à tromper les hommes : il ne restera plus à la poésie que le langage de la raison et des passions.

Cépendant l'Angleterre, témoin de nos succès, ne les partage point. Sa dernière guerre avec nous, la laisse dans la double éclipse de sa littérature et de sa prépondérance; et cette guerre a donné à l'Europe un grand spectacle. On y a vu un peuple libre conduit par l'Angleterre à l'esclavage, et ramené par un jeune monarque à la liberté. L'histoire de l'Amérique se réduit désormais à trois époques : égorgée par l'Espagne, opprimée par l'Angleterre, et sauvée par la France,

OBSERVATIONS

*Sur le Discours de l'*UNIVERSALITÉ DE LA LANGUE FRANÇAISE,

DE RIVAROL.

CES observations entraient originairement dans les matériaux de ce bel ouvrage : Rivarol, lorsque tant d'écrivains couronnés dans les Académies travaillent à s'étendre, eut le bon goût de se circonscrire : il les éloigna de son discours ; mais comme elles servaient à devélopper sa théorie, qu'elles étaient écrites avec la même finesse qui caractérisait toutes ses productions, ne voulant pas les perdre, il les rejetta dans ses notes. Elles se trouvent ici dans un ordre plus méthodique que dans les anciennes éditions : l'Auteur a fondu dans son texte, celles qui n'ont que quelques lignes, et les a améliorées. En général, le discours sur l'*Universalité de la Langue Française*, tel qu'il est présenté ici, n'est point indifférent pour faire honorer la mémoire de Rivarol.

NOTES.

NOTES.

PAGE 42. *On parla Latin à la Cour, etc.*

LORSQU'UN prédicateur, pour être entendu des peuples, avait prêché en langue vulgaire, il se hâtait de transcrire son sermon en latin. Ce sont ces espèces de traductions, faites par les auteurs mêmes, qui nous sont restées. Un tel usage prolongeait bien l'enfance des langues modernes.

Il faut observer ici que non-seulement les Gaulois quittèrent l'ancien celte pour la langue romaine, mais qu'ils voulaient aussi s'appeller Romains, et se plaisaient à nommer leur pays, Gaule romaine ou Romanie. Les Francs, leurs vainqueurs, eurent le même faible; tant le nom Romain imposait encore à ces barbares ! Nos premiers rois se qualifiaient de patrices romains, comme chacun sait. La langue nationale, qu'on appela romain ou *roman rustique*, se combina donc du patois celte des anciens Gaulois, du tudesque des Francs et du latin : elle fit ensuite quelques alliances avec le grec, l'arabe et le lombard. Sous François I, la langue était encore appellée *romance* ou *romane*. Longtems auparavant, Guillaume de Nangis prétend que *c'est pour la commodité des bonnes gens qu'il a translaté son histoire de latin en roman*. Ce nom est resté à tous les ouvrages faits sur le modèle de vieilles histoires d'amour et de chevalerie. On l'écrivait *romane*, de *romanus*, comme nous écrivons *temps* de *tempus*.

PAGE 43. *Ces deux mots, qui au fond n'en font qu'un, expriment assez bien la physionomie, etc.*

On y voit le perpétuel changement de l'*eu*

en *ou*. *Fleurs* et *flours*; *pleurs* et *plours*; sen*teur*, sen*tou*; dou*leur*, dou*lou*; la femm*eu*, la femm*ou*, etc. Ainsi l'*e* muet, comme on voit, se change en *ou* à la fin des mots, et fuit à l'oreille comme l'*eu* des Français : mais il est plus plein. L'accord et la différence de l'*eu* et de l'*ou* se font principalement sentir dans *œuvre* et *ouvrage*; *manœuvre* et *manouvrier*; *cœur* et *courage*; et l'*œ* paraît être la lettre de capitulation, le point mixte et commun entre l'*ou* et l'*eu*. Quelquefois le passage de l'*eu* à l'*ou* se rencontre dans les mots d'une même famille, sans recourir aux patois, ni à l'*œ* : *douleur* fait *douloureux*; *labeur*, s'affilie à *labour*, *labourer*, *laboureur*, etc. On sait que dans ces patois, les *ch* deviennent des *k* : *ch*âteau est *ca*stel : *ch*étif, *ca*ttivo; *ch*apeau, *ca*pel; *Ch*arle, *Ca*rle, etc. Ces jargons sont jolis et riches; mais n'étant point ennoblis par de grands écrivains, ils ont le malheur de dégrader ce qu'ils touchent.

PAGE 44. *Un Auteur Italien, etc.*

C'est Brunetto Latini, précepteur du Dante. Il composa un ouvrage intitulé *Tesoretto*, ou le petit Trésor, en langue française, au commencement du treizième siècle. Pour s'excuser de la préférence qu'il donne à cette langue sur la sienne, voici comme il s'exprime : « Et s'aucuns demande porquoi chis » livres est escris en romans, selon le patois » de France, puisques nous sommes Italiens, » je diroé que c'est pour deux raisons, l'une » porce que nous sommes en France, l'autre » si est porce que François est plus délitaubles » langages et plus communs que moult » d'autres. » Brunet Latin était exilé en France : les poésies de Thibaut, roi de Navarre et comte de Champagne; les romans de chevalerie et la cour de la reine Blanche, donnaient du lustre au français; tandis que l'Italie, morcelée en petits états, et déchirée par d'horribles factions, avait quinze ou vingt patois barbares, et pas un livre agréable. Le Dante et Pétrarque n'avaient point encore écrit.

PAGE 52. *Des Poëmes tirés de la Bible.*

Ce sont des poëmes sur Adam, sur Abel, sur Tobie, sur Joseph, enfin sur la passion de J. C. Ce dernier poëme, intitulé la *Messiade*, jouit d'une grande réputation dans l'Empire : la *Mort d'Abel* est plus connue en France. M. Klopstok a écrit la Messiade en vers hexamètres, et M. Gessner n'a employé pour sa Mort d'Abel qu'une prose poétique. J'ignore si la langue allemande a une prosodie assez marquée pour supporter la versification grecque et latine. Elle a d'ailleurs des vers rimés, comme tous les peuples du monde.

PAGE 59. *La Langue vulgaire, etc.*

C'est ainsi que les Italiens appellent encore leur langue. Au tems du Dante, chaque petite ville avait son patois en Italie ; et comme il n'y avait pas une seule cour un peu respectable, ni un seul livre important, ce poëte, ébloui de l'éclat de la cour de France et de la réputation qu'obtenaient déjà en Europe les romans et les poëmes des Troubadours et des Trouveurs, eut envie d'écrire tous ses ouvrages en latin, et il en écrivit en effet quelques-uns dans cette langue. Son poëme de l'Enfer était déjà ébauché et commençait par ce vers :

Infera regna canam, mediumque, imumque
Tribunal.

Mais encouragé par ses amis, il eut honte d'abandonner sa langue. Il se mit à chercher dans chaque patois ce qu'il y sentait de bon et de grammatical ; et c'est de tant de choix qu'il se fit un langage régulier, un *langage de cour*, selon sa propre expression ; langage dont les germes étaient par-tout, mais qui ne fleurit qu'entre ses mains. Voyez son traité de *vulgari Eloquentiâ*, et sa nouvelle traduction de son poëme de l'Enfer, imprimée à Paris.

PAGE 62. *C'est sur eux que le petit peuple exerce ses caprices, etc.*

Je n'ai pas prétendu dire par là que ces patois changent avec le tems, puisqu'il est prouvé par des monumens incontestables, que certains patois n'ont pas varié depuis 8 à 9 siècles : je veux dire seulement qu'on trouve des patois différens de province à province, de ville à ville, et souvent de village à village ; mais chacun à part est très fixe ; de sorte que c'est plutôt leur variété que leurs variations, que j'ai en vue, et que si le patois méridional n'a pas l'uniformité, il a la fixité, au contraire de la langue française, qui n'est parvenue à l'unité qu'en variant de siècle en siècle.

PAGE 72. *Plaisir et douleur, erreur et vérité.*

Il ne faut pas conclure de là que l'homme ait d'abord trouvé les termes abstraits ; il s'est contenté d'applaudir ou d'improuver par des signes simples, et de dire, par exemple, *oui* et *non*, au lieu des mots *vérité* et *erreur*. C'est quand les hommes ont eu assez d'esprit pour inventer les nombres complexes qui en contiennent d'autres ; lorsqu'étant fatigués de n'avoir que des unités dans leur numéraire et dans leurs mesures, ils ont imaginé des pièces qui en représentaient plusieurs autres, comme des écus pour représenter soixante sous, des toises pour représenter six pieds ou soixante-douze pouces, etc. C'est alors, dis-je, qu'ils ont eu les termes abstraits, imaginés d'après les mêmes besoins et le même artifice. *Blancheur* a rassemblé sous elle tous les corps blancs puisqu'elle convient à tous ; *Collège* a représenté tous ceux qui le composent ; la *vie* a été la suite de nos instans ; le *cœur*, la suite de nos désirs ; l'*esprit*, la suite de nos idées, etc. etc.

C'est cette difficulté qui a tant exercé les métaphisiciens, et sur laquelle J. J. Rousseau se récrie si mal-à-propos dans son discours de l'inégalité parmi les hommes, comme sur le plus grand mystère qu'offre le langage.

PAGE 73. *Parole intérieure et cachée.*

Que dans la retraite et le silence le plus absolu, un homme entre en méditation sur les objets les plus dégagés de la matière ; il entendra toujours au fond de sa poitrine une voix secrette qui nommera les objets à mesure qu'ils passeront en revue. Si cet homme est sourd de naissance, la langue n'étant pour lui qu'une simple peinture, il verra passer tour-à-tour les hiéroglyphes, ou les images des choses sur lesquelles il méditera.

Telle est l'étroite dépendance où la parole met la pensée, qu'il n'est pas de courtisan un peu habile qui n'ait éprouvé qu'à force de dire du bien d'un sot ou d'un fripon en place, on finit par en penser.

PAGE 76 *Articulations radicales, etc.*

Ce sont ces racines des mots que les étymologistes cherchent obstinément par un travail ingénieux et vain. Les uns veulent tout ramener à une langue primitive et parfaite : les autres déduisent toutes les langues des mêmes radicaux. Ils les regardent comme une monnaie que chaque peuple a chargée de son empreinte. En effet, s'il existait une monnaie dont tous les peuples se fussent toujours servi, et qu'elle fut indestructible; c'est elle qu'il faudrait consulter pour la fixation des tems où elle fut frappée. Et si cette monnaie était telle que, sans trop de confusion, on eût pu lui donner des marques certaines qui désignassent les empires où elle aurait passé, l'époque de leur politesse ou de leur barbarie, de leur force ou de leur faiblesse; c'est elle encore qui fournirait les plus sûrs matériaux de l'histoire. Enfin si cette monnaie s'altérait de certaines manières, entre les mains de certains particuliers, que leurs affections lui donnassent de telles couleurs et de telles formes, qu'on distinguât les pièces qui ont servi à soulager l'humanité ou à l'opprimer, à l'encouragement des arts ou à la corruption de la justice, etc; une telle monnaie dévoilerait incontestablement le génie, le goût et les mœurs de chaque peuple. Or, les racines des mots sont cette monnaie primitive, antiques médailles répandues chez tous les peuples. Les langues plus ou moins perfectionnées ne sont autre chose que cette monnaie ayant déjà eu cours; et les livres sont les dépôts qui constatent ses différentes altérations.

Voilà la supposition la plus favorable qu'on puisse faire, et c'est elle sans doute qui a séduit l'Auteur du *Monde primitif*, ouvrage plus rempli d'imagination que de recherches et de recherches que de preuves, qui n'ayant pas de proportion avec la briéveté de la vie, sollicite un abrégé dès la première page.

Il me semble que ce n'est point de l'étymologie des mots qu'il faut s'occuper, mais plutôt de leurs analogies et de leurs filiations, qui peuvent conduire à celles des idées. Les langues les plus simples et les plus près de leur origine sont déjà très-altérées. Il n'y a jamais eu sur la terre ni sang pur ni langue sans alliage. *Quand il nous manque un mot*, disaient les Latins, *nous l'empruntons des Grecs :* tous les peuples en ont pu dire autant. La plûpart des mots ont quelquefois une généalogie si bisarre, qu'il faut la deviner, et la plus vraisemblable est souvent la moins vraie. Un usage, une plaisanterie,

plaisanterie, un évènement dont il ne reste plus de trace, ont établi des expressions nouvelles, ou détourné le sens des anciennes. Comment donc se flatter d'avoir trouvé la vraie racine d'un mot ? Si vous me la montrez dans le grec, un autre la verra dans le syriaque, tel autre dans l'arabe. Souvent un radical vous a guidé heureusement d'une première à une seconde, ensuite à une troisième langue, et tout-à-coup il disparaît comme un flambeau qui s'éteint au milieu de la nuit. Il n'y a donc que quelques onomatopées, quelques sons bien imitatifs qu'on retrouve chez toutes les nations : leur recueil ne peut être qu'un objet de curiosité. Il est d'ailleurs si rare que l'étymologie d'un mot coïncide avec sa véritable acception, qu'on ne peut justifier ces sortes de recherches par le prétexte de mieux fixer par-là le sens des mots. Les écrivains qui savent le plus de langues, sont ceux qui commettent le plus d'impropriétés. Trop occupés de l'ancienne énergie d'un terme, ils oublient sa valeur actuelle et négligent les nuances, qui font la grace et la force du discours. Voici enfin une dernière reflexion : si les mots avaient une origine certaine et fondée en raison, et si on démontrait qu'il a existé un peuple créateur de la première langue, les noms radicaux et primitifs auraient un rapport nécessaire avec l'objet nommé. La définition que nous sommes forcés de faire de chaque chose, ne serait qu'une extension de ce nom primitif, lequel ne serait lui-même qu'une définition très-abrégée et très-parfaite de l'objet, et c'est ce que certains théologiens ont affirmé de la langue que parla le premier homme. On aurait donc unanimement donné le même nom au même arbre, au même animal, sur toute la terre et dans tous les tems; mais cela n'est point. Qu'on en juge par l'embarras où nous sommes lorsqu'il s'agit de nommer quelqu'objet inconnu ou de faire passer un terme nouveau.

PAGE 86 *La France sous un ciel tempéré, etc.*

Il est certain que c'est sous les zônes tempérées que l'homme a toujours atteint son plus haut degré de perfection.

PAGE 90. *Se traduisaient mutuellement, etc.*

Le roman de la Rose, traduit plusieurs fois, l'a été en prose par un petit chanoine du quatorzième siècle. Ce traducteur jugea à propos de faire sa préface en quatre vers, que voici :

Cy est le roman de la Rose
Qui a été clair et net,
Translaté de vers en prose
Par votre humble Moulinet.

PAGE 92. *Et ce divorce de la prononciation et de l'orthographe, etc.*

L'orthographe est une manière invariable d'écrire les mots, afin de les reconnaître. C'est dans la latinité du moyen âge qu'on voit notre orthographe et notre langue se former en partie. On mutilait le mot latin avant de le rendre français, ou on donnait au mot celte la terminaison latine; *existimare* devint *estimare*; on eut *pensare* pour *putare*; *granditer* pour *valdè*; *menare* pour *conducere*; *flasco* pour *lagena*; *arpennis* pour *juger*; *beccus* pour *rostrum*, etc. On croit entendre *le Malade imaginaire*. De là viennent dans les familles de mots, ces irrégularités qui défigurent notre langue : nous sommes infidelles et fidelles tour-à-tour à l'étymologie. Nous disons *penser*, *pensée*, *penseur*, et tout-à-coup *putatif*, *supputer*, *imputer*, *etc.* Des mots étroitement unis par l'analogie, sont séparés par l'étymologie et réclament des pères

pères différens, comme *main* et *tact*, *oil* et *vue*, *nez* et *odorat*, *etc.*

Mais, pour revenir à notre orthographe; on lui connait trois inconvéniens; d'employer d'abord trop de lettres pour écrire un mot, ce qui embarrasse sa marche; ensuite d'en employer qu'on pourrait remplacer par d'autres, ce qui lui donne du vague; enfin, d'avoir des caractères dont elle n'a pas le prononcé, et des prononcés dont elle n'a pas les caractères. C'est par respect, dit-on, pour l'étymologie, qu'on écrit *philosophie* et non *filosofie*. Mais, ou le lecteur sait le grec, ou il ne le sait pas; s'il l'ignore, cette orthographe lui semble bizarre et rien de plus : s'il connaît cette langue, il n'a pas besoin qu'on lui rappelle ce qu'il sait. Les Italiens, qui ont renoncé dès long-tems à notre méthode, et qui écrivent comme ils prononcent, n'en savent pas moins le grec; et nous ne l'ignorons pas moins, malgré notre fidelle routine. Mais on a tant dit que les langues sont pour l'oreille ! Un abus est bien fort, quand on a si long-tems raison contre lui. Sans compter que nous ne sommes pas constamment fidelles aux étymologies, car nous écrivons *fantôme*, *fantaisie*, etc. et *philtre* ou *filtre*, etc.

J'observerai cependant que les livres se sont fort multipliés, et que les langues sont autant pour les yeux que pour l'oreille : la reforme est presqu'impossible. Nous sommes accoutumés à telle orthographe : elle a servi à fixer les mots dans notre mémoire ; sa bizarrerie fait souvent toute la physionomie d'une expression, et prévient dans la langue écrite les fréquentes équivoques de la langue parlée. Aussi, dès qu'on prononce un mot nouveau pour nous, naturellement nous demandons son orthographe, afin de l'associer aussi-tôt à sa prononciation. On ne croit pas savoir le nom d'un homme, si on ne l'a vu par écrit. Je devrais dire encore que les peuples du Nord et nous, avons altéré jusqu'à l'alphabet des Grecs et des Romains; que nous avons prononcé l'*e* en *a*, comme dans *prudent*; l'*i* en *e*, comme dans *invincible*, etc. que les Anglais sont là-dessus plus irréguliers que nous : mais qui est-ce qui ignore ces choses? Il faut observer seulement qu'outre l'universalité des langues, il y en a une de caractères. Du tems de Pline, tous les peuples connus se servaient des caractères Grecs; aujourd'hui l'alphabet romain s'applique à toutes les langues d'Europe.

PAGE 94. *La Langue française était plus près d'une certaine perfection, etc.*

Voici des vers de Thibaut, comte de Champagne.

Ni empereur ni roi n'ont nul pouvoir
Au prix d'amour; de ce m'ose vanter:
Ils peuvent bien donner de leur avoir,

Terres et fiefs, fourbes pardonner;
Mais amour peut homme de mort garder,
Et donner joye qui dure.
etc. etc. etc.

Et ceux-ci, qui sont de l'an 1226..

Chacun pleure sa terre et son pays,
Quand il se part de ses joyeux amis;
Mais il n'est nul congé, quoiqu'on en die,
Si douloureux que d'ami et d'amie.

On croit entendre Voiture ou Chapelle.

Comparez maintenant ces vers de Ronsard, qui peint la fabrique d'un vaisseau.

Fait d'un art maistrier,
Au ventre creux et d'artifice prompt,
D'un bec de fer leur aiguise le front.
etc. etc. etc.

Ou ceux-ci, dans lesquels le grec lui échappe tout pur :

Ah! que je suis marri que la muse française
Ne peut dire ces mots ainsi que la grégeoise:

Ocymore, dispotme, oligochronien :
Certes je le dirais du sang Valésien,

Et Ceux d'un de ses contemporains sur l'alouette.

Guindée par zéphire,
Sublime en l'air vire et revire,
Et y déclique un joli cri,
Qui rit, guérit et tire l'ire
Des esprits, mieux que je n'écris.

Ces poëtes, séduits par le plaisir que donne la difficulté vaincue, voulurent l'augmenter encore, afin d'acroître leur plaisir; et de-là vinrent les vers monorimes et monosyllabiques; les échos, les rondeaux et les sonnets, que Boileau a eu le malheur de tant louer. Tout leur art poétique roula sur cette multitude de petits poëmes, qui n'avaient de recommandable que les bizarres difficultés dont ils étaient hérissés, et qui sont presque tous inintelligibles.

PAGE 101. *Tronquèrent ces finales qui leur étaient inutiles.*

Les Italiens, les Français et les Espagnols ayant adopté les verbes auxiliaires de l'ancien celte, les heureux composés du grec et du latin leur semblèrent des hiéroglyphes trop hardis; ils aimèrent mieux ramper à l'aide du verbe auxiliaire et du participe passé, et dire, *j'aurais aimé*, qu'*amavissem*. Cette timidité des peuples modernes explique aussi la nécessité des articles et des pronoms. On sait que la distinction des cas, des genres et des nombres, chez les Grecs et les Latins, se trouve dans la variété de leurs finales. Mais pour l'Europe moderne, cette différence réside dans les signes qui précèdent les verbes et les noms, et les finales sont toujours uniformes dans les noms, et dans la plûpart des tems du verbe. En y réfléchissant, on voit que les lettres et les mots sont des puissances connues avec lesquelles on arrive sans cesse à l'inconnu, qui est la phrase ou la pensée, et d'après cette idée algébrique, on peut dire que les articles et les pronoms sont des exposans placés devant les mots pour annoncer leurs puissances. L'article *le*, par exemple, dit d'avance qu'on va parler d'un objet qui sera du genre masculin et du nombre singulier. Ainsi l'article devant le nom est une espèce de pronom, et le pronom devant le verbe est encore une sorte d'article.

On a quelque peine à souffrir le début de tous nos grammairiens. *Il y a*, disent-ils, *huit parties d'oraison, le verbe, l'interjection, le participe, le substantif, l'adjectif*, etc. On voit seulement qu'ils ont voulu compter et classer tous les mots qui entrent dans une phrase, et sans lesquels il n'y aurait pas de discours. Mais sans se perdre dans ces distinctions de l'école, ne serait-il pas plus simple de dire que tous les mots sont des noms, puisqu'ils servent toujours à nommer quelque choses ?

L'homme donna des noms aux objets qui le frappaient ; il nomma aussi les qualités dont ces objets étaient doués : voilà deux espèces de noms, *le substantif* et *l'adjectif*, si on veut les appeller ainsi. Mais pour créer le *verbe*, il fallut revenir sur l'impression que l'objet ou ses qualités avaient faite en nous : il fallut réfléchir et comparer ; et sur le premier jugement que l'homme porta, naquit le verbe ; c'est le mot par excellence. C'est un lien universel et commun qui réunit dans nos idées les choses qui existent séparément hors de nous ; c'est une perpétuelle affimation pour le *oui* ou le *non* : il rapproche les diverses images que présente la nature, et en compose le tableau général ; sans lui point de langue : il est toujours exprimé ou sous-entendu. Est, verbe unique dans toutes les langues, parce qu'il représente une opé-

ration

ration unique de l'esprit; verbe simple et primitif, parce que tous les autres ne sont que des déguisemens de celui-là. Il se modifie pour se plier aux différens besoins de l'homme, suivant les tems, les personnes et les circonstances. *Je suis*, c'est-à-dire, *moi est*, *être* est une prolongation indéfinie du mot *est* : *j'aime*, c'est à-di e, *je suis aimant*, etc. C'est une clé générale avec laquelle on trouve la solution de toutes les difficultés que renferment les verbes.

PAGE 104. *Le scandale de notre littérature.*

Comme le théâtre donne un grand éclat à une nation, les Anglais se sont ravisés sur leur Shakespear, et ont voulu, non-seulement l'opposer, mais le mettre encore fort au-dessus de notre Corneille : honteux d'avoir jusqu'ici ignoré leur propre richesse. Cette opinion est d'abord tombée en France, comme une hérésie en plein concile : mais il s'y est trouvé des esprits chagrins et anglomans, qui ont pris la chose avec enthousiasme. Ils regardent en pitié ceux que Shakespear ne rend pas complettement heureux, et demandent toujours qu'on les enferme avec ce grand-homme. Partie mal saine de notre littérature, lasse de reposer sa vue sur les belles proportions ! Essayons de rendre à Shakespear sa véritable place.

On convient d'abord que ses tragédies ne sont que des romans dialogués, écrits d'un style obscur et mêlé de tous les tons; qu'elles ne seront jamais des monumens de la langue anglaise, que pour les Anglais même : car les étrangers voudront toujours que les monumens d'une langue en soient aussi les modèles, et ils les choisiront dans les meilleurs siècles. Les poëmes de Plaute et d'Ennius étaient des monumens pour les Romains et pour Virgile lui-même; aujourd'hui nous ne reconnaissons que l'Enéide. Shakespear pouvant à peine se soutenir à la lecture, n'a pu supporter la traduction, et l'Europe n'en a jamais joui : c'est un fruit qu'il faut goûter sur le sol où il croît. Un étranger qui n'apprend l'Anglais que dans Pope et Adisson, n'entend pas Shakespear, à l'exception de quelques scènes admirables que tout le monde sait par cœur. Il ne faut pas plus imiter Shakespear que le traduire : celui qui aurait son génie, demanderait aujourd'hui le style et le grand sens d'Adisson. Car si le langage de Shakespear est presque toujours vicieux, le fond de ses pièces l'est bien davantage : c'est un délire perpétuel ; mais c'est quelquefois le délire du génie. Veut-on avoir une idée juste de Shakespear ? Qu'on prenne le Cinna de Corneille, qu'on mêle parmi les grands personnages de cette tragédie, quelques cordonniers disant des quolibets, quelques poissardes chantant des couplets, quelques paysans parlant le patois de leur province, et faisant des contes de sorciers; qu'on ôte l'unité de lieu, de tems et d'action; mais qu'on laisse subsister les scènes sublimes, et on aura la plus belle tragédie de Shakespear. Il est grand *comme* la *nature* et *inégal comme elle*, disent ses enthousiastes. Ce vieux sophisme mérite à peine une réponse.

L'art n'est jamais grand comme la nature, et puisqu'il ne peut tout embrasser comme elle, il est contraint de faire un choix. Tous les hommes aussi sont dans la nature, et pourtant on choisit parmi eux, et dans leur vie on fait encore choix des actions. Quoi! parce que Caton prêt à se donner la mort, châtie l'esclave qui lui refuse un poignard, vous me représentez ce grand personnage donnant des coups de poing? Vous me montrez Marc-Antoine ivre et goguenardant avec des gens de la lie du peuple? Est-ce par là qu'ils ont mérité les regards de la postérité?

Vous voulez donc que l'action théâtrale ne soit qu'une doublure insipide de la vie ? Ne sait-on pas que les hommes en s'enfonçant dans l'obscurité des tems, perdent une foule de détails qui les déparent, et qu'ils acquièrent par les lois de la perspective une grandeur et une beauté d'illusion qu'ils n'auraient pas, s'ils étaient trop près de nous ? La vérité est que Shakespear s'étant quelquefois transporté dans cette région du beau idéal, n'a jamais pu s'y maintenir. Mais, dira-t-on, d'où vient l'enthousiasme de l'Angleterre pour lui ? De ses beautés et de ses défauts. Le génie de Shakespear est comme la majesté du peuple anglais : on l'aime inégal et sans frein : il en paraît plus libre. Son style bas et populaire en participe mieux de la souveraineté nationale. Ses beautés désordonnées causent des émotions plus vives, et le peuple s'intéresse à une tragédie de Shakespear, comme à un évènement qui se passerait dans les rues. Les plaisirs purs que donnent la décence, la raison, l'ordre et la perfection, ne sont faits que pour les ames délicates et exercées. On peut dire que Shakespear, s'il était moins monstrueux, ne charmerait pas tant le peuple; et qu'il n'étonnerait pas tant les connaisseurs, s'il n'était pas quelquefois si grand. Cet homme extraordinaire à deux sortes d'ennemis, ses détracteurs et ses enthousiastes; les uns ont la vue trop courte pour le reconnaître quand il est sublime; les autres l'ont trop fascinée pour le voir jamais autre. *Nec rude quid prosit video ingenium.* Hor.

PAGE 122. *Les sensations nomment le premier l'objet qui frappe le premier.*

Tout le monde a sous les yeux des exemples fréquens de cette différence. *Monsieur prenez garde à un serpent qui s'approche*, vous crie un grammairien français; et le serpent est à vous avant qu'il soit nommé. Un Latin vous eût crié, *serpentem fuge*; et vous auriez fui au premier mot, sans attendre la fin de la phrase. En suivant Racine et Lafontaine de près, on s'apperçoit que, sans jamais blesser le génie de la langue, ils ont presque toujours nommé le premier, l'objet qui frappe le premier, comme les peintres placent sur la première terrasse le principal personnage du tableau.

La nation la plus vive et la plus légère de l'Europe a eu long-tems les danses les plus graves, comme le menuet et la sarabande; la musique la plus lourde et la construction directe qui est la moins vive.

PAGE 128. *L'oreille (ce qu'il y a de plus capricieux dans l'homme, etc.*

L'harmonie imitative dans le langage, achève et perfectionne la description d'un objet, parce qu'elle rend à l'oreille l'impression que l'objet fait sur les sens. Elle se trouve dans le nom même de la chose, ou dans le verbe qui exprime l'action. Quand le nom et le verbe n'ont pas d'harmonie qui imite, on ne parvient à la créer que par le choix des épithètes et la coupe des phrases. Le nom qu'on appelle *Substantif* doit avoir son harmonie, quand l'objet qu'il exprime a toujours une manière d'être : ainsi *tonnerre*, *grêle*, *tourbillon*, sont des mots chargés d'*r*, parce qu'il ne peuvent exister, sans produire une sensation bruyante. L'*eau*, par exemple, est indifférente à tel ou tel état; aussi sans aucune sorte d'harmonie par elle-même, elle en acquiert au besoin par le concours des épithètes et des verbes : *l'eau turbulente frémit*, *l'eau paisible coule*. Il y a dans notre langue beaucoup de mots sans harmonie, ce qui la rend peu traitable pour la poésie, qui voudrait réunir tous les genres de peinture. Il y a des mots d'une harmonie fausse, comme *lentement*, qui devrait se traîner, et qui est bref; aussi les poëtes préfèrent *à pas lents*. Les Latins ont *festina*, qui devrait courir, et qui se traîne sur trois longues. On a fait dans notre langue, plus que dans aucune autre, des sacrifices à l'harmonie : on a dit *mon ame* pour *ma ame*; *de cruelles gens*, *de bonnes gens*, pour ne pas dire *de cruels gens*, *de bons gens* ou des *gens bons*; mais on dit *des gens cruels*. Par exemple, la beauté harmonique du participe *béant*, *béante*, l'a conservé, quoique le verbe *béer* soit vieilli. Le verbe *ouïr* qui s'affiliait si bien au sens de *l'ouïe*, aux mots *d'oreille*, *d'auditeur*, *d'audience*, ne nous a laissé que son participe *ouï* et les tems qui en sont composés : pour tout le reste nous employons le verbe *entendre*, qui vient *d'entendement*, etc., *oui*, tout seul, sert d'affirmation, et signifie *c'est entendu*. Enfin dans les constructions singulières et les ellipses qu'on s'est permises, on a toujours eu pour but d'adoucir le langage ou de le rendre précis; il n'y a que la clarté qu'on ne puisse jamais sacrifier.

Les enfans, avant de connaître la signification des mots, leur trouvent à chacun une variété de physionomie qui les frappe et qui aide bien la mémoire. Cependant à mesure que leur esprit plus formé sent mieux la valeur des mots, cette distinction de physionomie s'efface; ils se familiarisent avec les sons, et ne s'occupent guères que du sens. Tel est le commun des hommes. Mais l'homme né poëte revient sur ces premières sensations dès que le talent se développe: il fait une seconde digestion des mots; il en cherche les premières saveurs, et c'est des effets sentis de leur diverse harmonie qu'il compose son dictionnaire poétique.

PAGE 137. *La multitude des Langues est fatale au génie.*

Il faut apprendre une langue étrangère,

pour connaître sa littérature, et non pour la parler ou l'écrire. Celui qui sait bien sa propre langue, est en état d'écrire ou du moins de distinguer trois ou quatre styles différens; ce qu'il ne peut se promettre dans une autre langue. Il faut au contraire se résoudre, quand on parle une langue étrangère, à être sans finesse, sans grace, sans goût et souvent sans justesse.

On peut diviser les Français en deux classes, par rapport à leur langue; la première classe est de ceux qui connaissent les sources d'où elle a tiré ses richesses : l'autre est de ceux qui ne savent que le fraçais. Les uns et les autres ne voyent pas la langue du même œil, et n'ont pas en fait de style les mêmes données.

PAGE 141. *Il n'est point d'Art ou de Profession.*

La religion chrétienne qui ne s'est pas, comme celle des Grecs, intimément liée au gouvernement et aux institutions publiques, n'a pu ennoblir, comme elle, une foule d'expressions. Ce sera toujours là une des grandes causes de notre disette. L'opéra n'étant point une solennité, ses dieux ne sont pas ceux du peuple; et si nous voulons un ciel poétique, il faut l'emprunter. Nos ancêtres, avec leurs mystères, commençaient bien comme les Grecs; mais nos magistrats qui n'étaient pas prêtres, ne firent pas assez respecter cette poésie sacrée, et elle fut étouffée en germe par le ridicule.

La religion, loin de fournir au dictionnaire des beaux-arts, avait même évoqué à elle certaines expressions, et nous en avait ajamais privés. On n'aurait pas trop osé dire sous Louis XIV, *la grace du langage*, par respect pour la grace théologique; mais on disait *les graces du langage*, par allusion aux trois graces. Aujourd'hui, par je ne sais quelle révolution arrivée dans les esprits, notre

notre littérature a reconquis cette expression. Mais l'établissement des moines a rendu le héros de l'Enéide, un peu embarrassant pour les traducteurs : comment en effet traduire *Pater Eneas* ? Il se passera bien des siècles, avant que ce mot ait repris sa dignité

PAGE 152. *L'airain vient de parler.*

Ce sont deux têtes d'airain qui parlent, et qui prononcent nettement des phrases entières. Elles sont colossales, et leur voix est surhumaine. Ce bel ouvrage, exécuté par l'abbé Mical, a résolu un grand problême. Il s'agissait de savoir, si la parole pouvait quitter le siège vivant que lui assigna la nature, pour venir s'attacher à la matière morte ?

Il y a aussi loin d'une roue et d'un lévier à une tête qui parle, que d'un trait de plume au tableau de la transfiguration : car il faut convenir que depuis la poésie jusqu'à la mécanique, le *complément de tout art*, *c'est l'homme*. Vaucanson s'est arrêté aux animaux, dont il a rendu les mouvemens et contrefait les digestions. Mais M. Mical, voulant tenter avec la nature une lutte jusqu'à nos jours impossible, s'est élevé jusqu'à l'homme, et a choisi dans lui l'organe le plus brillant et le plus compliqué; *l'organe de la parole*.

En suivant donc la nature pas à pas, ce grand Artiste s'est apperçu que l'organe vocal était dans la glotte un instrument à vent, qui avait son clavier dans la bouche; qu'en soufflant du dehors au-dedans, comme dans une flûte, on n'obtenait que des sons filés; mais que pour articuler des mots, il fallait souffler du dedans au-dehors. En effet, l'air en sortant de nos poumons, se change en son dans notre gosier, et ce son est morcelé en syllabes par les lèvres, et par un muscle très-mobile, qui est la langue, aidée des dents et du palais. Un *son* continu n'exprimerait qu'une seule affection de l'ame, et se rendrait par une seule voyelle; mais coupé à différens intervalles par la langue et les lèvres, il se charge d'une consonne à chaque coup; et se modifiant en une infinité d'articulations, il rend la variété de nos idées.

Sur ce principe, M. Mical applique deux claviers à ses *Têtes parlantes* : l'un en cylindre, par lequel on n'obtient qu'un nombre déterminé de phrases; mais sur lequel les intervalles des mots et leur prosodie sont marqués correctement. L'autre clavier contient, dans l'étendue d'un ravalement, toutes les syllabes de la langue française, réduites à un petit nombre par une méthode ingénieuse et particulière à l'Auteur. Avec un peu d'habitude et d'habileté, on parlera avec les doigts, comme avec la langue; et on pourra donner au langage des têtes, la rapidité, les repos et toute l'expression enfin que peut avoir la parole, lorsqu'elle n'est point animée par les passions. Les étrangers prendront la Henriade ou le Télémaque, et les feront réciter d'un bout à l'autre, en les plaçant sur le clavecin vocal, comme on place des partitions d'opéra sur les clavecins ordinaires.

Quand les Têtes parlantes ne seraient qu'un objet de curiosité, elles obtiendraient certainement la première place en mécanique : mais elles ont en outre une utilité d'un genre si peu commun et si près de nous en même tems, qu'on en sera frappé comme moi.

L'histoire des langues anciennes n'est pas complette, parce que nous n'avons jamais que la langue écrite, et que la langue parlée est toujours perdue pour nous : voilà pourquoi nous les appellons *Langues mortes*. En effet, le grec et le latin ne nous offrent que des signes morts, auxquels on ne pourrait redonner la vie, qu'en y attachant la prononciation qui les animait autrefois ; ce qui est impossible, puisqu'il faudrait deviner les différentes valeurs que ces peuples donnaient à leurs lettres et à leurs syllabes.

Si donc l'antiquité eût construit des têtes d'airain, et qu'on nous les eût conservées, nous n'aurions pas cette incertitude, et nous serions encore charmés des périodes de Cicéron et des beaux vers de Virgile, que les peuples d'Europe estropient chacun à sa manière.

Et nous, qui sommes la postérité des peuples passés, ne serions-nous pas charmés d'entendre le français tel qu'on le parlait à la Cour d'Henri IV seulement ? Les livres qu'ont laissés nos pères, et ce que nous faisons, nous avertissent, par comparaison, des variations du style et du goût ; ainsi les *Têtes parlantes* avertiraient nos enfans des changemens de la prononciation, en leur fournissant un objet de comparaison que nous n'avons pas.

Voilà donc un ouvrage dont la France peut s'honorer, après lequel tous les grands Artistes ont soupiré, et que tous les Charlatans ont annoncé de siècle en siècle, mais tantôt c'était un homme caché dans le corps de la statue qui parlait, tantôt de longs tuyaux qui portaient une voix dont la statue n'était que complice : toujours l'artifice et le mensonge à la place du génie et de l'art; la parole n'était encore sortie que d'une bouche animée.

On peut dire que si les Allemands ont inventé l'imprimerie des caractères, un Français a trouvé celle des articulations; et que, la prononciation de la parole, si fugitive pour l'oreille, peut se trouver à jamais fixée par les têtes d'airain. Elles animeront nos bibliothèques; et c'est par les livres et par elles que sera confirmée, contre tous les efforts du tems, l'irrévocable alliance de l'oreille et des yeux dans le langage.

Observez que le gouvernement de 1782 et 1783, en France, sur le rapport du lieutenant de police, Le Noir, ayant refusé d'acheter les têtes de l'abbé Mical, ce malheureux artiste, accablé de dettes, brisa son chef-d'œuvre dans un moment de désespoir. Je n'étais pas alors à Paris : à mon retour, je le trouvai dans un état voisin de la léthargie. Il est mort très-pauvre en 1789.

PAGE 152. *C'est en France, etc.*

Allusion à l'invention des globes aërostatiques, et au voyage de MM. Charles et Robert.

JUGEMENT

PORTÉ A L'ACADÉMIE DE BERLIN SUR CE DISCOURS.

» L'AUTEUR n'obtiendra les suffra-
» ges du Public, comme il a déjà
» obtenu ceux de l'Académie, que
» lorsque son discours sera lu et
» médité dans le silence des préjugés
» nationaux. Le plan qu'il s'est tracé
» est juste et bien ordonné; et il
» ne s'en écarte jamais. Son style
» est brillant; il a de la chaleur,
» de la rapidité et de la mollesse.
» Ses pensées sont aussi profondes
» que philosophiques; et tous ses
» tableaux, où l'on admire souvent
» l'énergique pinceau de Tacite, in-
» téressent par le coloris, par la

» variété, et j'ose le dire encore, » par la nouveauté. Cet écrivain a, » dans un degré supérieur, l'art » d'attacher, d'entraîner ses lecteurs » par ses raisonnemens et son élo- » quence. On lui trouve toujours un » goût épuré, et formé par l'étude » des grands modèles. Ses principes » ne sont point arbitraires; ils sont » puisés dans le bon-sens et dans la » nature; et l'on voit qu'il s'est » nourri de la lecture des maîtres « fameux de l'antiquité. En un mot, » il est peu d'ouvrages académiques » qu'on puisse comparer au sien, » soit pour le fond des choses, soit » pour le style; et je ne doute pas » que le jugement qu'en a porté » l'Académie, ne soit enfin confirmé » par celui du Public. »

Signé, Borelli, *de l'Académie de Berlin.*

DE L'HOMME,

DE SES

FACULTÉS INTELLECTUELLES,

Avec le plan du nouveau Dictionnaire que projettait Rivarol.

Après avoir exposé ses principes sur l'*Universalité de la Langue française*, Rivarol passe à des sujets abstraits; il s'occupe de *l'Homme et de ses Facultés intellectuelles*. Ce n'est plus à l'élégance, aux grâces du style qu'il borne son ambition, il se montre vraiment digne du sujet qu'il traite; on dirait qu'il a toujours médité sur l'homme et que nulle de ses facultés intellectuelles ne peut échapper à ses observations. Le traité de l'homme n'est pas volumineux. Les longs ouvrages n'étaient point du goût de *Rivarol* ; un gros livre l'effrayait, il croyait peu à l'immortalité de ces lourds écrivains si féconds et toujours si peu dignes d'être lus. Selon lui, il n'était reservé qu'à Voltaire et Rousseau de composer des ouvrages de longue haleine ; mais il souriait de pitié en voyant les brochures entassées des *Rétif de la Brétonne*, des *Mercier* et des imitateurs de leur folle ambition. Il aurait voulu pour la gloire des lettres, que ces auteurs eussent le courage de brûler tout ce que leurs écrits contiennent d'inutile ; il prétendait que les bons auraient tenu une très-petite place ; et que les lecteurs leur auraient su gré de ce sacrifice. Pour éviter le défaut qu'il reprochait aux auteurs trop féconds, il mit des bornes à son traité sur l'homme, et présentait ainsi son plan à ses lecteurs :

1o. Un tableau métaphysique et moral de l'homme considéré dans ses facultés intellectuelles, dans ses idées premières et fondamentales et dans ses passions.

2o. Le tableau de l'esprit humain dans la création du langage en général : on y traitera des différentes formes de la pensée.

3o. Un tableau grammatical de la langue française, et le développement du plan du dictionnaire.

Le plan exécuté devait être suivi du dictionnaire par ordre alphabétique et par familles. On doit regretter, que la mort, qui nous a ravi

ravi *Rivarol*, ne lui ait pas permis de terminer cet ouvrage intéressant : voici comment il prouvait, dans son prospectus, la nécessité de son *Dictionnaire de la Langue Universelle*.

La Langue française fait chaque jour des acquisitions et de progrès. Mais plus une langue se répand, et plus il faut veiller à sa pureté ; plus elle s'enrichit, et plus elle a besoin de dépôts et d'archives. L'universalité et la richesse ne seraient pour elle que des causes de décadence, et on méconnaîtrait bientôt son génie et son empire, si elle cessait de présenter l'ordre dans l'abondance, et de porter ses lois dans ses conquêtes.

Aussi la nécessité d'un nouveau Dictionnaire de la Langue française, est-elle généralement sentie et avouée,

Malheureusement, la difficulté égale le besoin : il s'agit d'offrir au public le plus nombreux et le plus éclairé qui fut jamais, un Dictionnaire digne de lui, digne d'une telle langue. Il est difficile sans doute de répondre en même tems à l'idée qu'on a de l'une, et au respect qu'on doit à l'autre. L'Académie, sentinelle du goût et législatrice du langage, n'était pas elle-même, après un siècle et demi de travail, satisfaite de son ouvrage : elle sentait combien il était au-dessous de l'attente d'un public qui comptait sur elle, et qui ne portait le joug de son autorité que dans l'espoir de ses décisions. Mais, on peut le dire aujourd'hui, ses plus illustres membres, moins jaloux d'un tel empire que de leur gloire personnelle, formaient entre eux le seul souverain qu'on ait encore vu avare de ses lois.

On sait que le Dictionnaire de l'Académie française fut d'abord conçu par Chapelain, le premier homme de la littérature sous la minorité de Louis XIV : ce Dictionnaire a depuis subi bien des métamorphoses : mais il s'est constamment ressenti de son origine : son plan fut toujours défectueux, son exécution toujours faible et mesquine.

En effet, l'Académie ne s'est jamais dissimulé que son ouvrage ne fut dans aucun tems circonscrit dans ses véritables limites ; elle fait plus d'une excursion dans certaines sciences, tandis qu'à peine elle en effleure d'autres ; on lui reproche d'accorder à la vénerie, à la fauconnerie et au blason, des espaces que réclament la politique, la physique et le commerce ; de refuser un léger souvenir aux principales divinités de la fable qui vivent encore dans les livres classiques, règnent sur la scène, et figurent dans nos monumens et nos conversations; de donner à la botanique, à l'anatomie, à l'astronomie et à une foule de professions et d'arts compliqués, ce trop et ce trop peu qui mécontentent et fatiguent à la fois le savant et l'homme du monde. Et cependant, l'Académie n'ignorait pas qu'une langue doit être considérée sous le même point-de-vue que la société qui la parle; puisqu'il est vrai que les mots sont dans l'une, ce que les hommes et les choses sont dans l'autre. Le premier fonds de toute langue se compose de la quantité toujours bornée des noms propres des objets que la nature et les arts étalent à nos yeux, et que leurs ateliers offrent à notre usage: car, si tel homme connaît à fond tous les termes de son art, il ne sait et ne retient que les mots élémentaires des autres professions ; et chaque homme se trouvant ainsi partagé, il en résulte un public qui ne connaît de la nature et de l'art, du monde et de la société, que les choses les plus usuelles et les plus apparentes : il faut à la mémoire, qui a des bornes, un répertoire fait à sa mesure.

Mais si la nomenclature des corps les plus connus, si la table des principaux phénomènes de la nature et des premières opérations de l'art est limitée, le talent, qui n'a de barrière que le goût, élève sur ce premier fonds qui est *le style propre*, un nouveau langage, riche et hardi, qui anime la parole, nuance les idées et fournit abondamment aux besoins de l'esprit, aux mouvemens des passions, et aux formes variées de l'imagination : c'est *le style figuré*.

Tout bon dictionnaire doit s'appuyer sur ce double pivot des langues.

Mais l'académie n'a pas assez fréquemment établi la différence du *propre* au *figuré ;* elle ne cite pas assez de ces alliances de mots, de ces expressions vives et pittoresques qu'a créées le besoin, qu'ont trouvées nos grands écrivains et que sanctionne tous les jours le bon usage. La langue, entre ses mains, paraît terne, timide et pauvre ; et non seulement l'académie a trop négligé de se saisir du fil qui conduit un mot d'un style à l'autre, mais elle s'y est quelquefois méprise. Elle a cru, par exemple, qu'on disait au propre *un état en combustion*, et pourtant cette expression, aujourd'hui commune et énervée, comme tant d'autres, fut, dans sa nouveauté, une figure très-hardie.

Le dictionnaire de l'académie ne fait pas non plus remarquer ces expressions exagérées et faibles à la fois, énergiques dans la forme et presque nulles pour le fond, que l'usage a jetées dans le commerce de la vie; monnaie, que le monde reçoit pour ce qu'elle vaut, et dont les étrangers et les enfans sont quelques tems les dupes. Elle a aussi passé sous silence les expressions équivoques, telles *qu'oppression du peuple*, *haine des tyrans* : on ne sait si le peuple et le tyran sont, l'un opprimé et l'autre haï; ou si l'un hait et l'autre opprime. Il fallait donner la raison de ces équivoques et en tirer une règle générale.

Au lieu de faire un choix des plus

belles maximes de notre langue; l'académie leur a préféré des proverbes dégoûtans, des dictions basses et triviales, qu'on ne rencontre ni dans les livres, ni daus le monde; pour lesquelles on reprendrait un enfant, et dont le petit peuple se moquerait à nos petits théâtres. Elle va même jusqu'à en tirer quelques-unes de l'oubli où le tems les avait heureusement plongées. On dirait que l'académie a voulu faire le dictionnaire des halles. Il est portant certain qu'une ligne de Pascal ou un vers de Racine auraient remplacé, aussi utilement que noblement, ce tas de proverbes qui salissent le travail de l'académie (1),

---

(1) Comme *lâcher l'aiguillette*, pour aller à la celle; *faire sa cour au valet du tembourineur*. pour chercher à plaire; un fourbe est

Si elle n'a pas trouvé bon d'appuyer chacun de ses articles de quelque citation d'un de nos grands auteurs ; si elle n'a pas voulu tracer l'analogie des idées dans les familles des mots (puisque ces deux moyens, dont je parlerai plus bas, n'entraient pas dans ses vues) il semble qu'au moins elle aurait dû fixer la place des épithètes, et dire pourquoi on écrit également *paisibles bois* et *bois paisibles ;* et pourquoi on dit *des choses possibles* et non *de possibles choses :* elle connaissait sans doute la règle et ses exceptions.

Elle n'aurait pas dû éluder si sou-

---

au figuré *un couteau de tripière, etc.* Molière avait déjà condamné *ces expressions sales, ces proverbes traînés dans les ruisseaux des halles.*

vent les difficultés dans les phrases douteuses, sous prétexte qu'elle ne faisait pas une grammaire : l'académie savait bien qu'il n'en existait pas de satisfaisante sur ces mêmes difficultés, et que c'est d'elle que le public en attendait une; aussi lui a-t-on reproché, puisqu'elle ne voulait pas citer nos classiques, de ne pas décider d'autorité.

Enfin, et ceci est fondamental, elle n'a pu se justifier d'avoir manqué le plus grand nombre de ses descriptions et la presque-totalité de ses définitions; d'avoir, par exemple, confondu *les corps et la matière*, *l'état et l'action*; et, ce qui est le plus choquant pour le public, d'avoir rempli cette immense lacune avec des renvois dérisoires : *embrasement* voyez *incendie*, et *incendie* voyez *embrasement* : *lumière* voyez *clarté*, et *clarté* voyez *lumière*. Enfin, comme si la définition de *l'opium* dans le *malade imaginaire* ne l'avait pas dégoûtée, l'académie dit que *la force est une vigueur naturelle qui fait agir vigoureusement*, etc. etc.

Cet inconvénient seul, dans un dictionnaire, en solliciterait la refonte générale. Il ne faut donc pas s'étonner si l'Académie française était si mécontente du sien. Avec un esprit médiocrement cultivé, on y cherche vainement ce qu'on ne sait pas, on n'y trouve pas même ce qu'on sait. On ne l'ouvre pas sans méfiance, on ne le ferme guère sans murmure.

La nature de l'ouvrage qui m'occupe (1), le genre de mes études,

(1) Sur le corps politique.

mon goût et mon respect pour ma langue, m'ont de bonne heure nécessité à me faire des définitions justes et précises des choses : ces matériaux se sont accrus sous ma main, au point de me mettre en état d'offrir au public un nouveau dictionnaire de la langue française.

Mais, si les défauts du dictionnaire de l'académie m'ont beaucoup éclairé, ils m'ont effrayé davantage. Qui osèra se promettre de ne pas errer après ce grand exemple ? Quel est l'écrivain, pénétré de l'étendue et des difficultés de l'art, qui puisse, en faisant le dictionnaire de sa langue, se flatter de ne pas oublier quelques règles de langage dans leur immense recueil, et de n'en pas violer quelqu'une en le rédigeant ? Dans une si longue carrière, les objets se multiplient, l'attention se lasse, les secours manquant, quent, le goût bronche, l'esprit le plus vigilant s'oublie; aucun homme n'est sûr de son style et de sa mémoire. C'est donc moins par son exécution que par son plan, que le nouveau dictionnaire pourra mériter l'indulgence publique : s'il n'est point d'ouvrage exposé à plus de fautes, il n'en est point aussi qui soit plus susceptible d'un long perfectionnement; et je sens bien que le tems ne doit me laisser que le faible honneur d'avoir entrevu la véritable route. Voici en peu de mots les vues que je me propose et les principales bases de mon travail.

1°. *Fixer la véritable étendue du dictionnaire.*

L'auteur d'un tel ouvrage doit se dire : je ne fais pas une Encyclopédie; je ne suis, ni botaniste, ni anatomiste, ni horloger. J'écris pour un public qui n'est rien de tout cela, quoique chacun des individus qui le composent, exerce quelque profession, ou connaisse quelque science en particulier : mais le savant, l'artisan et le politique ne cherchent pas leur art dans un tel dictionnaire : ils n'y cherchent que celui de s'exprimer et d'écrire : ils y veulent sur-tout des solutions à leurs doutes sur la valeur des mots et la pureté des expressions. Ils savent bien que la table de tous les termes de leur profession, et même de toutes les sciences, ne leur apprendrait pas à bien parler ; au lieu que la science de la parole leur apprend à tout exprimer, et à se bien exprimer sur-tout. Il leur faut donc un recueil des noms de toutes les choses dont la vie humaine se compose, c'est-à-dire, des principales productions et des premiers procédés de la nature et de l'art. Ce cercle n'est pas aussi grand qu'on le pense : l'homme social en est le centre.

L'astronomie, par exemple, nous fournira ce qu'elle offre d'éclatant à tous les yeux, et d'indispensable aux premières notions du calendrier ; il en sera ainsi des autres arts et des métiers. Le Dictionnaire leur empruntera ce que les besoins de la conversation et du genre épistolaire, ce que la poésie et l'éloquence leur empruntent. Nous n'exigeons de grands détails que sur ce qui nous touche et nous flatte ; on est sans intérêt pour tout le reste : de là vient l'expression si ordinaire et si énergique à la fois *d'apprendre par cœur*. La mémoire, en effet, est toujours aux ordres du cœur.

Les premiers objets pour nous étant

ceux d'affection et de besoin, il est vrai de dire que nous sommes plus près de la lune qui nous éclaire et qui règle nos marées, quoiqu'elle soit à plus de quatre-vingt mille lieues de nous, que d'un moucheron à peine visible qui bourdonne peut-être autour de nos oreilles; et que le café, qui nous vient de si loin, nous intéresse autrement qu'une plante inutile que nous foulons aux pieds, avec son nom tiré du grec. Cette mesure d'intérêt n'a pas d'exception : l'abeille et le ver-à-soie sont pour nous les premiers des insectes; et l'expérience des ballons a donné à l'air inflammable une réputation que n'obtiendront peut-être jamais les autres sortes d'airs, en dépit des savantes nomenclatures des chimistes.

Mais si, d'un côté, le public n'exige dans un Dictionnaire de la langue, que la quantité de noms et de termes techniques qui suffisent aux besoins de la vie, il lui faut de l'autre, la totalité des mots et le recueil toujours croissant des expressions qui rendent les opérations de l'esprit et les mouvemens du cœur. Il lui faut la totalité de ces mots abstraits et collectifs à la fois, qui fondent la théorie de nos diverses connaissances; artifice admirable par lequel l'homme se proportionne à l'universalité des choses, et augmente les forces de l'esprit en diminuant le fardeau de la mémoire! Dans ce côté intellectuel, tout est personnel à l'homme : chacun est artiste en fait d'esprit, puisque chacun porte en soi l'invisible atelier où se forgent ses idées, je veux dire, son entendement, son imagination et son jugement. Celui qui n'aurait, pour rendre ses pensées, ni le mot propre, ni le secours des figures, serait un homme à plaindre ; mais celui qui parlerait de tout en termes techniques, serait un homme à fuir.

Il faut d'ailleurs avoir quelque égard pour la briéveté de la vie : elle ne s'étend pas comme nos bibliothèques. Dans les siècles passés, un homme tel que Pline, Aristote ou Bacon, pouvait être en quelque sorte l'encyclopédiste de son tems ; mais à mesure que l'arbre des connaissances humaines s'élève et se ramifie, la division du travail s'établit naturellement; chacun s'attache à un art particulier, quelquefois même à une seule branche de cet art ; et il n'existe plus, pour l'homme, d'autre universalité que celle du langage.

C'est donc cet instrument universel de la pensée qu'il faut perfectionner sans cesse : son répertoire n'est pas le dépôt des sciences, mais il en est la clef, mais il en est le lien; et voilà pourquoi tous les savans desirent une langue universelle : il ne donne ni la science, ni le talent; mais il conduit à la pureté et à la clarté, à la propriété et à la politesse des expressions; mais il prépare à cette juste étendue de connaissances qui constitue l'homme dans toutes les conditions de la vie : heureux frein de l'imagination, trésor de la mémoire, appui du talent, règle du style, interprète et mesure fidèle et commune entre les hommes!

Le Dictionnaire d'une langue est en effet mesure de vérité; car les erreurs, sources de disputes et de malheurs, ne se glissant jamais que dans les mauvaises définitions, ou dans les phrases composées, un Dictionnaire qui nous met en état de mieux définir les mots et d'analyser la phrase, nous mène d'abord au vrai : les élémens dans le discours, comme dans toute autre composition, ne peuvent jamais être coupables; ils ne peuvent qu'être mal employés : on n'a jamais accusé les pierres, des défauts d'une maison.

Telles seront donc les limites du Dictionnaire : pour tout ce qui est hors de l'homme, on aura depuis les noms et les termes techniques les plus généraux des choses, tant naturelles qu'artificielles, jusqu'aux noms qui peignent les actions et les usages les plus ordinaires de la vie : pour ce qui se passe au dedans de nous, on ne négligera aucun mot, et on n'omettra point d'expressions, s'il est possible : dans l'un et l'autre point de vue, on évitera également ces quatre extrêmes : les mots trop vieux et les mots trop nouveaux, les dictions trop basses et les expressions trop guindées.

Mais, comme il ne faut pas qu'un commençant, ou que quelque lecteur, même sans prétention, soit exposé, comme certain homme de lettres, à prendre la chronologie pour la géographie, ou le nom d'une plante pour celui d'un animal, notre intention est de renvoyer dans un troisième volume tous les termes purement techniques et les mots hors d'usage qu'on risque de rencontrer par-tout. Mais ce ne sera qu'un simple Vocabulaire réduit aux explications les plus courtes; chaque terme y sera simplement attribué à la science, à l'art, au métier auquel il appartiendra. Quant aux vieux mots, ils seront renvoyés aux articles du Dictionnaire qui les ont remplacés ou à leurs équivalens, et cette partie sera pourtant assez complette, pour qu'à son aide on puisse lire Montaigne, Charron et Amiot, et même Clément Marot, de qui Lafontaine a tant emprunté de mots et de tournures. Il ne faut donc pas craindre que ce Vocabulaire soit insuffisant : les indications seront assez précises et assez nombreuses, pour mettre la jeunesse en état de recourir à tous les articles de l'encyclopédie, aux livres de voyages, d'histoire naturelle et de hautes sciences.

La révolution a produit une foule de nouveaux mots qui ont fait une véritable irruption dans la langue : les uns indispensables, puisqu'ils expriment des choses et des idées nouvelles ; les autres inutiles et souvent bizarres. On trouvera les premiers dans le Dictionnaire ; et le Vocabulaire ne contiendra des autres que les plus usités, également nécessaires à l'intelligence des ouvrages du jour et aux éclaircissemens de l'histoire. En un mot, dès qu'on ne trouvera pas certains termes dans le Dictionnaire, cette omission suffira pour les faire juger ou trop vieux ou trop nouveaux, ou enfin trop techniques, et on les trouvera au Vocabulaire. Il n'est point de tribunal qui puisse repousser les mots qui naissent, ou rappeler ceux qui meurent. Le Vocabulaire sera le berceau des uns et le tombeau des autres.

2o. *Refaire presqu'entièrement les descriptions et les définitions.*

Cette partie sera extrêmement soignée : c'est l'ame d'un Dictionnaire.

Il semble, au premier coup-d'œil, qu'il faudrait *décrire les choses ma-*

térielles, *définir les intellectuelles*, et séparer constamment ces deux opérations : c'est une erreur. Un objet, tout matériel et tout individuel qu'il est, a un côté général et intellectuel qui le soumet à la définition : c'est donc l'art de définir qui domine dans le Dictionnaire d'une langue. Mais, pour rendre un objet plus sensible et plus clair, on réunit, quand il le faut, la description à la définition, le rapport des sens au travail de l'esprit, et les deux opérations n'en font qu'une.

On sent bien que l'art des définitions n'étant autre chose que l'art de classer les objets dans des divisions générales, en distinguant ce qu'ils ont de commun de ce qu'ils ont de différent, cette méthode soulage d'abord l'esprit, que les descriptions de détail accableraient. Aussi

Aussi le public cherche-t-il à tout définir, et ne demande-t-il la description que de très-peu d'objets. On desire plutôt de savoir à quelle espèce appartient tel animal, que d'écouter l'énumération de ses membres et le précis de son anatomie : on classe très-bien les hommes dans tous les rangs de la société ; mais il est peu d'individus dont on entende détailler avec intérêt la forme et la figure. L'esprit humain suit en ceci la nature qui se dérobe à nous, par la multitude des individus et la complicàtion détaillée de leurs parties ; mais qui se montre accessible et simple dans les masses et dans les espèces, immortels objets de sa providence.

Les ressemblances et les différences sont donc les grands moyens de l'art de définir ; ainsi, un nègre et un blanc se ressemblent par la forme et par le fond, mais ils diffèrent par la couleur : on en fait donc deux classes, à cause de la différence; ce sont *les blancs* et *les noirs*; mais on n'en fait qu'un genre et qu'une espèce; à cause de la ressemblance, et c'est, en effet, *l'espèce humaine* ou *le genre humain*.

Observez que les objets composés, tant matériels qu'intellectuels, comme une maison ou un poëme, sont plus aisés à définir que les objets simples, tels qu'une idée ou un grain de sable.

Quand je dis qu'*une maison est un assemblage de pierres et d'autres matériaux, disposés pour nous loger*, ma définition est bonne. Mais si on me demande ce que c'est qu'une pierre, je suis plus embarassé; et si je m'aventure à dire que *c'est un assemblage de corps durs*, je suis arrêté dès qu'on veut savoir ce qu'est un corps dur. Me voilà forcé à dire que *la dureté* est une qualité que chacun sent, laquelle est opposée à *la mollesse* que chacun sent aussi. De sorte que plus un objet est simple et mieux il est senti, plus il est composé et mieux nous l'éclaircissons par le discours. Nous raisonnons quand nous ne sentons pas; et le raisonnement, qui est le tâtonnement de la raison, cesse où le sentiment commence. Le raisonnement est donc pour les ouvrages de l'homme, et le sentiment pour ceux de la nature. Mais en unissant le raisonnement au sentiment, on obtient le plus grand degré d'évidence, et par conséquent de certitude, dont l'homme soit capable.

Il ne faut pas se laisser effrayer

par cet appareil métaphysique : nous sommes tous un peu comme l'homme de Molière : nous faisons de la métaphysique sans le savoir : c'est ainsi que nous parlons par le seul bienfait de notre organisation. Cet instinct analytique, cette algèbre naturelle nous fait dire, chaque jour, *qu'une chose n'est pas imprévue* pour signifier *qu'elle est prévue*; qu'un homme est moins *indigne de telle place qu'un autre homme*, pour dire *qu'il en est plus digne*; et c'est ainsi que dans le langage, comme dans le calcul, *moins par moins donne plus.*

Madame de Sévigné, dans sa charmante lettre sur le mariage de Lauzun, n'a-t-elle pas réduit ce singulier évènement à sa juste valeur, en entassant des épithètes qui se détruisent? *Je vous mande la chose la plus grande, la plus petite; la plus rare, la plus commune; la plus éclatante, la plus secrète etc.* C'est absolument un algébriste qui efface les quantités semblables sous des signes opposés, ou les quantités opposées sous des signes semblables. La métaphysique n'est que l'instrument le plus délié de l'esprit humain; et ce qui est admirable, c'est que cet instrument si délié est ennemi des subtilités. (1)

On trouvera, dans un discours, placé à la tête du Dictionnaire, des méthodes de définition clairement détaillées. On y verra comment l'homme a créé naturellement les

(1) A propos de subtilités, on dira un discours préliminaire, jusqu'où elles ont conduit l'abbé Girard dans son *Traité des Synonymes*.

termes *abstraits* et *collectifs* ; artifice ingénieux, mais dont les grammairiens et les philosophes ont trop exagéré la difficulté. Il fallait bien que l'être qui a nommé tout ce qui était hors de lui, exprimât aussi ce qui se passe en lui, et qu'après avoir créé des dénominations fixes pour les actions des corps, il en créât de même pour les vues de l'esprit : c'est par là que l'homme s'est trouvé en état de raisonner et de peindre : c'est de là que viennent le *style propre* et le *style figuré* ; on emploie le premier pour définir et pour convaincre ; on les mêle tous deux pour persuader et pour plaire.

Les explications, contenues dans ce discours, se trouvant rapprochées de leur application dans le Dictionnaire, en auront plus de justesse et d'éclat.

3°. *Indiquer l'analogie des idées et la suivre dans les familles des mots.*

Comme c'est ici la partie neuve de cet ouvrage, j'en renvoie le développement au discours préliminaire.

Il suffit de dire que le système que nous adoptons, également favorable à la mémoire, au jugement et au goût, remédiera au plus grand inconvénient du langage, et donnera, nous pouvons l'assurer, un air d'ensemble, d'unité et de puissance à la langue française qui frappera tous les yeux. Chaque idée principale, entourée de tous les termes qu'elle s'est appropriés, dans les différentes familles des mots, leur communiquera sa clarté, et en recevra, à son tour, des reflets de lumière. Le passage du style propre au figuré s'y découvrira de lui-même ; les gallicismes qu'on appelle quelquefois caprices du langage en seront mieux connus, et le secret des grands écrivains ne sera plus si mystérieux.

Mais l'ordre alphabétique ne souffrira point de notre méthode : si l'esprit ne peut en effet se passer de celle-ci, comme nous le prouverons, les yeux ne peuvent se passer de l'autre. Nous apportons un lien entre les idées, sans déranger la forme commode et indispensable des Dictionnaires.

Nous ne parlerons jamais d'étymologie, de racines ni de dérivés ; parce que nous faisons le Dictionnaire de la langue française, et non son histoire ancienne. Qu'on exige de nous une monnaie de cours et non des médailles : en un mot, parce que nos lecteurs sont Français, et non Grecs et Latins ; et que la langue française doit s'expliquer par elle-même, en tirant ses richesses de son propre fonds. L'Académie, qui avait d'abord entrepris son Dictionnaire par racines et dérivés, fut obligée d'y renoncer; et l'on n'ignore pas que Voltaire lui présenta, quelques jours avant de mourir, un plan qui sortait absolument de la nature d'un tel ouvrage. Nous en ferons un rapport exact dans le discours préliminaire.

4°. *Régler la place de l'épithète avant et après les noms.*

Cette règle, tirée de la nature même de la langue, sera extrêmement utile aux jeunes gens et aux étrangers, pour qui la place de l'épithète est la pierre d'achoppement : nous la donnerons dans le discours préliminaire. Tout notre étonnement est que l'Académie n'en ait pas fait mention. On verra comment, parmi nos épithètes, les unes sont fixes et les autres mobiles : cette règle est tellement inhérente au fond de la langue française, que c'est de la place de l'épithète qu'elle a su tirer un si grand parti pour se faire une foule d'expressions variées, qui ne dépendent que du lieu que l'épithète occupe ; comme *galant-homme* et *homme galant* ; *sage-femme* et *femme sage*, *etc.*

5°. *Noter par-tout les oppositions vraies ou fausses, ainsi que les équivoques.*

Un homme *inconsidéré*, par exemple, n'est pas l'opposé d'un homme *considéré ; différent* ne l'est pas d'*indifférent ; fendre* de *défendre ; céder* de *décéder etc.* Quant aux équivoques, nous prendrons nos exemples dans nos meilleurs écrivains : ils en seront plus frappans. La langue française a souverainement besoin de clarté ; aussi est-elle de toutes les langues celle qui a le plus de constructions fixes ; et quand il se présente deux manières correctes et élégantes à la fois de dire la même chose, avec les mêmes mots, il faut le remarquer ; d'autant que le cas est rare. (1) Quand les inversions ne nuisent pas à la clarté, elles sont

---

(1) C'est sur cette vérité qu'est fondée l'excellente scène du *Bourgeois Gentilhomme*, qui est si étonné de ne pouvoir exprimer son amour à la Marquise que d'une seule manière et précisément de celle qui s'est d'abord offerte à son esprit.

toujours élégantes; quand elles y ajoutent, elles sont admirables. Nous en donnerons des exemples dans le discours préliminaire.

6o. *Ne négliger aucun mot dans son passage du* PROPRE *au* FIGURÉ.

On trouvera, sur les mots qui l'exigent, une double citation, l'une au *propre* et l'autre au *figuré*. Ainsi, on dit le *pivot d'une machine*, et le *pivot d'un état*; Boileau a dit au propre : *Et le pupître, enfin, tourne sur son pivot*, et ailleurs : *ils frappent le pivot qni se défend envain*; ici le pivot cst animé par le verbe *se défendre*; et on distingue le style animé du style figuré.

Si l'axiome *qu'il n'est rien dans l'esprit qui n'ait passé par les sens*, est

est le fondement de toute vérité pour l'homme, la règle suivante qui est sa première conséquence, n'est pas moins fondamentale. C'est *qu'il ne se fait dans l'esprit aucune opération secrète, aucun mouvement, tant intellectuel qu'on le suppose, qui n'emprunte pour s'exprimer, l'image d'une chose ou d'une action matérielle* : ainsi l'esprit, qui a donné des noms à toute la nature, est obligé de les reprendre, pour s'exprimer lui-même ; et toute figure, toute métaphore qui n'est pas tirée de quelque chose de matériel, est fausse, parce qu'elle n'a pas son analogue dans la nature. Il n'y a et ne peut y avoir d'exception à cette règle. Le jugement la reçoit de la vérité et la prescrit à l'imagination.

7°. *Citer les auteurs Classiques.*

On appelle *livres classiques*, les livres qui font la gloire de chaque nation en particulier, et qui composent ensemble la bibliothèque du genre-humain. Ils ne sont pas très-nombreux.

Comme *souveraineté* signifie *puissance conservatrice*, on sent bien que les peuples n'ont pas la souveraineté du langage, mais ils en ont la propriété; et, comme la définition de la propriété *est le droit d'user à son gré*, les peuples, en usant des langues, les ont altérées et les altèrent toujours et en tous lieux. Les grands écrivains sont seuls les vrais souverains conservateurs du langage. Les Grecs et les Romains ont passé, et pourtant Homère et Virgile, Cicéron et Démosthène sont encore nos maîtres, comme ils le furent de leurs contemporains; ils ne fixeraient pas nos regards, s'ils n'avaient pas fixé leur langue. Ronsard était poète, sans aucun doute; mais quelque génie qu'on possède, on a, faute de style, le défaut le plus considérable; celui de n'être pas lu.

Il est prouvé en fait de langue, tout comme en politique, que là où les souverains ne font pas des lois, les propriétaires fondent des usages. Les lois viennent tard, trouvent les usages établis, les expliquent et les confirment. Je dis qu'elles *les expliquent*, parce qu'au fond il n'existe pas plus de *caprice de langage*, que d'effet sans cause : les propriétaires de la parole ne cherchent qu'à se faire entendre; et pour cela, il faut s'entendre soi-même. Ils prennent leurs matériaux dans le fonds de leur langue, puisqu'ils n'en ont pas d'autre ; et leur bonne foi là-dessus est garantie par leur intérêt. Une forme de langage qui irait contre le sens-commun ou qui nuirait à la clarté, aurait moins de cours qu'un faux écu, puisqu'elle serait plutôt reconnue et par plus de juges. Il y a plus ; les tournures particulières d'une langue, qu'on appelle *idiotismes*, si embarrassantes pour les étrangers, sont pourtant ce qui donne éminemment de la grace au langage : Pascal, Molière, Sévigné, Voltaire en fourmillent : les Français trouvent aux gallicismes le charme que les Grecs trouvaient aux hellénismes ; mais tout dépend de leur heureux emploi : c'est en effet leur bon usage qui est preuve de goût chez nous, comme il le fut d'urbanité chez les Latins et d'atticisme chez les Grecs.

On sent que je ne parle pas ici du

petit peuple en tout pays, mais de la langue nationale, parlée par le public et cultivée par les gens de goût; à quoi on peut ajouter que les mauvais écrivains sont plus à craindre que le petit peuple, qui fait toujours des phrases évidemment bonnes ou mauvaises. Aussi le public, qui s'inquiète peu de celui-ci, est-il sans cesse occupé à repousser les malheureux efforts des autres.

En perdant l'Académie, nous avons perdu un grand tribunal : les lois ont leurs perplexités, quand on en vient à l'application, et l'autorité qui termine les disputes est un grand bien; car en tout *il faut de la fixité.*

Le docteur Johnson, auteur du meilleur Dictionnaire de la langue anglaise, était pénétré de cette vérité; mais n'ayant pas l'appui d'une Académie, il a formé autour de chaque mot un assemblage de citations, et, s'il est permis de le dire, *un jury d'écrivains*. Il dit très-bien que l'autorité d'un Dictionnaire est moins fondée sur celle de son auteur, quel qu'il soit, que sur l'autorité des écrivains qu'on y cite. Les Dictionnaires étant des archives, ne doivent contenir que des titres. Nous prendrons de sa méthode ce qui convient à la nôtre; et comme les bons auteurs n'ont pas rencontré toutes les difficultés du langage dans leur vie littéraire, et que l'esprit humain a quelquefois des regards si déliés, qu'on manque d'expressions connues pour les rendre, alors nous suppléerons au défaut de citations par des explications claires et précises.

La conversation a aussi des finesses et des licences que la familiarité déguise et dont le ton fixe le sens : elles étonnent souvent les orateurs et les poëtes les plus hardis. On ne négligera pas cette partie du langage; mais il faut observer que la société sait fort bien capituler sur ces formes audacieuses et fines, et les réduire à leur juste valeur ; le grammairien qui n'ose pas toujours les employer ou les proposer pour modèle, doit pourtant les remarquer.

Il faut encore observer que l'esprit ayant en général plus de besoins, que la langue n'a de mots, les hommes ont de tout tems attaché plus d'une acception au même terme, et souvent même des sens opposés.

Pourquoi, dira-t on, ne pas recourir aux expressions figurées et aux alliances de mots ? Oui, sans doute, il le fallait; mais c'est la ressource des belles imaginations; et le vulgaire toujours plus près du néologisme ou de l'équivoque, que du talent de l'expression, ne sait qu'inventer un mot nouveau, ou attacher une idée nouvelle à un terme qui n'a déjà que trop d'emplois. Tous ces mots à plusieurs acceptions seront exactement indiqués dans le dictionnaire (1).

---

(1) Il y a aussi des mots pleins de sel, que l'esprit crée au besoin et pour le mument, et que le goût ne veut pas qu'on déplace.

Madame de la Sablière appellait Lafontaine *son fablier*, pour faire entendre que cet auteur portait des fables comme un arbre porte des fruits. Ce grand fabuliste dit que *l'âne se prélasse*, pour dire *qu'il marche comme un prélat.*

On trouve dans Molière : *et vous serez ma foi ; tatufiée*, pour dire *et vous épouserez Tartufe.*

8°. *N'omettre, s'il est possible, aucune des règles et des difficultés.*

On doit trouver dans l'étendue d'un bon dictionnaire les applications des règles de la grammaire, placées chacune à son article. Cette dispersion ne leur sera pas nuisible, comme on pourrait d'abord le croire : rigoureusement parlant, une grammaire n'a pas de méthode ; la table des matières y dispose arbitrairement de la préséance entre les noms, les verbes et

---

L'Impératrice des Russies, en peignant je ne sais quel avocat français qui allait faire le législateur dans ses états, écrit à Voltaire que *cet homme est venu legislater chez elle.*

Ces mots, je le répète, sont du répertoire de la grace. Ea grammaire les méconnaît et on ne les trouve pas dans les dictionnaires.

les signes de toute espèce. On est donc un peu surpris que les grammairiens se soient privés de l'ordre alphabétique. On est encore plus fâché que la plupart d'entre eux ayent donné des règles qui nécessitent tant d'exceptions et des explications si accablantes. La grammaire doit lever les difficultés d'une langue : mais il ne faut pas que le lévier soit plus lourd que le fardeau.

Outre les décisions semées dans le cours du dictionnaire, nous placerons à la fin d'un discours qui doit ouvrir le premier volume, une table des principales difficultés que nous rassemblerons dans notre vaste carrière. Les explications seront courtes, toujours appuyées sur des autorités et des exemples comparés. On y résoudra quelques problêmes qui sont jusqu'ici restés sans solution.

Voilà donc, sans compter notre Vocabulaire, huit bases nouvelles qui distingueront notre plan et son exécution, de l'exécution et des plans qu'on a suivis jusqu'ici.

Il est inutile d'avertir qu'avant de définir ce que les mots expriment, on les définira eux-mêmes grammaticalement, avec la plus scrupuleuse attention. Les mots sont comme les monnaies; ils ont une valeur propre, avant d'exprimer tous les genres de valeur.

L'ouvrage sera soumis à des épreuves multipliées, afin d'éviter les fautes d'impression, qui dans ces sortes de livres ont souvent l'effet d'une mauvaise loi.

Rivarol avait traduit *le Dante*; il avait réuni sa gloire à celle du poëte italien ; mais ce n'était pas assez pour lui de traduire ; il fallait qu'il fût lui-même, et qu'il prouvât qu'il savait à son tour parler et créer. Il entreprit de traiter *de l'homme, de ses facultés intellectuelles, et de ses idées premières et fondamentales*. Cette grande opération exigeait tout à-la-fois du génie, la connaissance parfaite de l'essence même de l'homme, et surtout ce flambeau de la raison qui éclaire jusqu'aux dédales les plus ténébreux de la métaphysique. Il fallait, pour travailler sur une si vaste matière, autant d'ordre que de clarté. Une division simple, mais en même tems méthodique, devait d'abord présenter le sommaire de tout le plan ; aussi dès le *Discours préliminaire*, l'auteur annônce-t-il.

» 1°. Un tableau métaphysique et moral de l'homme, considéré dans

dans ses facultés intellectuelles, dans ses idées premières et fondamentales, et dans les passions.

» 2°. Le tableau de l'esprit humain, dans la création du langage en général.

» 3°. Un tableau grammatical de la langue française, et le développement du plan du dictionnaire. »

Rivarol, veut-il peindre la nécessité, généralement sentie et avouée d'un nouveau dictionnaire de notre langue. » La langue française, dit-il, fait, chaque jour, des acquisitions et des progrès. Mais plus une langue se répand, et plus il faut veiller à sa pureté; plus elle s'enrichit, et plus elle a besoin de dépôts et d'archives. L'universalité et la richesse ne seraient pour elle que des causes de décadence, et on méconnaîtrait bientôt son génie et son empire, si elle cessait de présenter l'ordre dans l'abondance, et de porter ses loix dans ses conquêtes. »

Nous regrettons que la mort prématurée de l'auteur ait moissonné pour toujours l'espoir fondé que nous avions conçu du bel ouvrage de Rivarol.

Que d'objets, sa plume savante eût embrassé sous ce titre principal : *de la Nature du Langage en Général !* Du sentiment, comme principe de tout, dans l'homme et dans les animaux, il passe tout naturellement à l'association, avec le même charme ; il parle des idées et des images, et de toutes nos facultés. Quels développemens il présente ! il semble voir la main du génie dérouler le tableau de l'humanité entière : c'est là qu'il prouve encore, avec toute évidence, et par son propre fait, cette vérité, qu'il y pose en principe : *Le génie s'élève et s'agrandit dans la composition.*

Dans une *récapitulation*, qui n'offre ni moins d'intérêt, ni moins de cette instruction également profonde, mais toujours fleurie de l'homme presqu'universel, Rivarol se résume. Tâchons donc, dans ce résumé, de présenter encore une fois, Rivarol lui-même.

« La meilleure histoire de l'entendement humain, doit, avec le tems, résulter de la connaissance approfondie du langage. La parole est, en effet, la physique expérimentale de l'esprit : chaque mot est un fait ; chaque phrase une analyse ou un développement ; tout livre, une révélation plus ou moins longue du sentiment et de la pensée.... Le sentiment est *puissance*, union d'organe et de force....

» Quel beau et fidèle miroir de l'univers, que le sentiment ! Il reçoit les images, s'en ébranle et les retient. Les objets se pressent hors de lui, et s'entassent dans sa mémoire ; ils sont séparés, et il les distingue ; il conçoit l'étendue et l'espace ; ils sont mobiles, et se présentent successivement ; il conçoit le mouvement, le tems et les nombres. Également frappé des différences et des ressemblances, il sent l'homogénéité, le genre et l'espèce. Le même être a-t-il, comme la chenille, deux états divers ; il sent l'identité de l'individu, et le miracle de la métamorphose ne lui en impose pas.

Enfin, il s'étudie et se connaît lui-même; et si la sagesse du créateur rayonne dans ses œuvres, elle se mire dans l'homme. Otez le genre humain, l'univers est sans témoin. »

Après avoir considéré l'homme dans ses alliances, dans ses fonctions, et dans ses facultés; ce peintre de l'homme, tellement fidèle, qu'il semble avoir puisé ses couleurs premières dans la création même, observe, un moment, ses phases et ses époques.

Le résultat de ces observations lumineuses est de reporter tout à la *cause première*, au principe des principes, à *Dieu*.

» Qu'on s'étonne maintenant que l'Être indivisible et sans proportions, immuable et sans besoins, ait tout divisé, tout assujetti à l'échelle des proportions, à la tyrannie des besoins, à la fuite des générations; cette surprise est digne de l'homme. »

» En voyant l'univers et ses lois, on reconnaît l'éternel géomètre : on le reconnaît encore en disséquant l'homme et les animaux; mais en les voyant agir, aimer, penser, on se demande comment l'artisan suprême a pu toucher un édifice si régulier avec le rayon de la pensée et la flamme des passions; comment il a pu faire que le mécanisme palpitât d'amour, que l'hydrolique versât des larmes, et qu'un automate sechât de crainte et tressaillît de desir et d'espérance; comment, enfin, un amas de matière inerte et périssable, a pu devenir siège de vie et berceau d'immortalité! »

« Il faut en venir au sentiment : là, cessent la géométrie et la mécanique : on est obligé de voir Dieu sous un autre aspect. L'homme ne maîtrise le mouvement, que parce qu'il a plus que le mouvement. Une horloge ne saurait faire une autre horloge. L'homme a donc reçu le sentiment ; mais celui qui a donné le sentiment, doit avoir plus qu'il n'a donné ; celui qui a mesuré l'esprit à tous les animaux, doit avoir autre chose que l'esprit, puisque l'homme qui dispose du mouvement et le mesure, a plus que le mouvement ; et quand l'essence de Dieu ne surpasserait l'esprit humain que de la portée dont l'esprit humain surpasse le mouvement, c'en serait assez, peut-être, pour expliquer l'univers et ses prodiges. »

« L'Être qui a placé ses dimensions dans l'espace, sa puissance dans la perfection, et sa liberté dans la nécessité, a voulu que l'homme se composât et jouît des reflets de son inaltérable et glorieuse existence. »

« Tel est, s'il est permis de le faire, le rapprochement du créateur et de sa créature, que le sentiment sent qu'il est, mais Dieu est; que le sentiment sent qu'il est simple; mais Dieu seul est simple. Il appuie ses créatures, et elles ont la conviction de l'existence; il les compose, et elles ont la conscience de la simplicité. »

» Si quelques tribunaux philosophiques me citent et me demandent pourquoi, dans ce tableau des principes, j'ai placé l'existence de Dieu parmi les notions fondamentales de l'esprit humain; je répondrai que je ne peux concevoir l'univers sans puissance, et la puissance sans intelligence. Il me faut, comme à l'univers, un dieu qui me sauve du cahos et de l'anarchie de mes idées. »

« En effet, l'être qui pense a dû naturellement tomber à genoux devant la plus haute de ses pensées ; et comme c'est dans la pensée qu'existent, dans toute leur plénitude, la certitude et l'évidence, Dieu devait donc jouir, dans l'esprit humain, du plus haut degré d'évidence et de certitude. Son idée délivre notre esprit de ses longs tourmens, et notre cœur de sa vaste solitude : Dieu explique le monde, et le monde le prouve ; mais l'athée nie Dieu en sa présence. »

« Chose admirable ! unique et véritable fortune de l'entendement humain ! Les objections contre l'existence de Dieu sont épuisées, et ses preuves augmentent tous les jours : elles croissent et marchent *sur* trois ordres. Dans l'intérieur des corps, toutes les substances et leurs affinités; dans les cieux, tous les globes et les lois de l'attraction; au milieu, la nature animée et toutes ses pompes. »

Le chapitre des passions tant naturelles, que celles que l'homme s'est créées, devait nécessairement entrer dans la composition de cette œuvre. Rivarol les définit, les explique, en indique les causes et les effets, comme il peint tout; il établit les distinctions les plus justes; il assigne les nuances les plus précises.

« L'orgueil et la vanité (dit-il) ont un rapport remarquable, c'est de précéder l'amour et de lui survivre ; parce que l'amour ne fait que des pertes, et que tout est recette pour l'orgueil et pour la vanité. »

« Si l'amour nacquit entre deux êtres qui se demandaient le même plaisir, la haine est née entre deux êtres qui se disputaient le même objet. Mais les hommes se lassent d'aimer ; ils se lassent même de se battre, et ne se lassent pas de se haïr. C'est que l'amour et la guerre ont des causes ; la haine à ses raisons ; c'est que si l'amour et la guerre ont leurs fureurs, ils ont aussi leurs périodes : la haine a sa patience. »

« Après l'orgueil, l'ambition et l'envie tiennent un rang considérable parmi les passions. Elles diffèrent en ce que l'ambition veut obtenir son objet, et que l'envie veut détruire le sien. La haine est le besoin du mal d'un ennemi, et l'envie est le mal que nous fait tout succès. Si on le surpasse, l'envieux crie qu'on l'opprime. Qui croirait que la faculté de comparer, source de justesse dans l'esprit, soit dans le cœur, la mère de l'envie.

» Dans les tems de troubles, et dans les états électifs, les ambitieux sont les fanatiques de la liberté : dans les tems calmes, et dans les états héréditaires, ils sont des modèles de bassesse. L'envieux ne varie pas. L'ambition dicte moins de lois dans les états monarchiques, que l'envie dans les démocratiques. C'est elle qui détacha un rameau de l'olivier sacré, pour en couronner Aristophane, ennemi de tout ce qui avait quelqu'éclat dans Athènes; c'est elle qui tempérait, par des injure, jures, les triomphes des généraux Romains. »

C'est ainsi que Rivarol passe ensuite successivement en revue la médisance, qu'il appelle *une envie au pied léger*; la calomnie, *pétrie de haine et d'envie*; l'avarice, *née de l'association de l'or avec toutes sortes de biens*, et qui marche *à côté de l'ambition et de l'envie*..... L'avare, ajoute-t-il, est le pauvre par excellence; c'est l'homme le plus certain de n'être pas aimé pour lui-même. « L'or, semblable au soleil qui fond la cire et durcit la boue, développe les grandes causes et rétrécit les mauvais cœurs. »

Des passions, Rivarol passe bientôt aux vertus : il les divise en deux classes : celles qui ne sont utiles qu'à nous, comme la prudence et la tempérance ; et celles qui sont utiles aux autres, comme la bienfaisance et la justice.

Ce qu'on appelle *bonheur* et *malheur* ne pouvait échapper à l'examen de ce penseur profond. C'est dans les états médiocres qu'on trouve souvent quelqu'image du bonheur. Les conditions médiocres ne fournissent pas, il est vrai, des sujets à l'Histoire ou à l'Épopée, mais les hommes d'un certain ordre savent bien ce qu'il en coûte pour occuper les regards de ses contemporains, et fixer l'attention de la postérité.

« C'est donc une idée populaire et fausse, que le bonheur soit attaché aux hautes conditions ; et les philosophes qui ont si souvent consigné dans leurs livres l'éloge de la médiocrité, qui l'ont si souvent applaudie sur les théâtre, devraient rougir d'avoir soulevé le peuple, à l'aide de cette envie naturelle aux hommes, qui leur fait haïr ceux qu'ils supposent heureux, et porter plus impatiemment les plaisirs d'autrui que leurs propres peines.

» On peut avoir goûté de tout, être couvert de gloire, comblé de biens, avoir même connu le malheur, et soupirer de fatigue, ou secher d'ennui au sein de tant de félicités apparentes. Mais si la tristesse est si près de la fortune, pourquoi l'envie est-elle si loin de la pitié ?

» Qu'on ne s'étonne donc pas qu'il soit si difficile de définir ce qu'il est si rare de rencontrer, ce qu'il est peut-être impossible de se bien représenter?

Ces tableaux, malgré la vérité de leurs couleurs, et tout achevés qu'ils sont, seraient peut-être restés incomplets, sans la peinture non moins fidèle de l'*hypocrisie* et du *fanatisme.*

» Il me reste à parler (dit Rivarol) du plus noir des vices, et de la plus effrayante des passions; de l'hypocrisie et du fanatisme.

» Cet odieux sentiment (l'hypocrisie) qui fait prendre au vice les dehors de la vertu, qui fait qu'un scélérat recommande la probité à son fils, qui force, en un mot, le crime à n'ourdir sa trame que dans l'ombre; ce sentiment, dis-je, est pourtant une des sauve-gardes de l'ordre social; car, si le scélérat, lui-même, s'appelait hautement *scélérat*, si le brigand s'intitulait *bri-*

gand, tout serait perdu. Le mensonge du crime, ces précautions du vice sont, selon l'heureuse expression de la Rochefoucauld, des hommages à la vertu, et des ménagemens pour le genre humain. Mais le fanatisme menace également, et la vie de l'individu qui en est atteint, et le salut des gouvernemens qui le tolèrent.

» C'est un état d'exaltation et de délire, résultant du concours d'une passion dominatrice et d'une idée qui s'asservit toutes nos idées. Tout état d'exaltation se présente sous deux faces.

» Quand cet état a pour cause une idée qui, pour nous dominer, a besoin de se concentrer, alors il ne corrompt et ne trouble que la raison et le repos de l'individu qui en est malade. L'amour, par exemple, a son idolâtrie; mais entre deux amans dévorés des mêmes feux, chacun d'eux voit le monde entier dans l'objet qu'il adore, et un cœur plein de sa divinité ne lui cherche guères d'autres adorateurs. On a cependant vu des chevaliers errans et quelques princes égarés par la passion, forcer les hommages des passans et des peuples entiers, en dressant des temples à l'objet de leur culte particulier : leur amour était un fanatisme. Il n'en est pas ainsi de cette soif ardente, que Virgile a pourtant nommé *le fanatisme de l'or;* cette passion ne cherche pas de prosélite. Car ce n'est point aux opinions, ce n'est point aux hommages qu'elle vise, mais à l'or et à l'accumulation des propriétés de toute espèce, par toutes les routes de la fortune, de l'industrie et du crime; ce qui la distingue du fanatisme religieux, du fanatisme des conquêtes et de l'avarice ordinaire, qui se contente de couver son trésor. Cette ardeur, cette âpreté du lucre, est le crractère dominant des capitales et des villes commerçantes; et si parmi tant d'hommes qui se gorgent de richesses, il en est si peu d'heureux, c'est que les moyens qui rendent un homme propre à faire fortune, sont les mêmes qui l'empêchent d'en jouir. »

Que ne promettaient pas de tels commencemens pour le *Dictionnaire de la Langue française* par le même écrivain! *Rivarol* dort dans la tombe; et la langue française a besoin, plus que jamais, d'un maître qui conserve sa beauté et la garantisse de la corruption. Si la tribune, les camps, le mélange des nations ont délayé, durci, desséché sa précision, sa couleur et son élégance, les femmes, en étudiant Rivarol, peuvent et doivent la rétablir dans sa pureté. Ce ne sera pas par de vains mots qui égarent la pensée; mais par une douce sévérité de mœurs, de décence dans les actions et les sentimens purs de l'amitié, et même de l'amour; osons le dire, par ce desir de plaire réciproquement, cette coquetterie, instinct de la nature, qui met en activité toutes les facultés du cœur, qui commande les graces du corps, les connaissances de l'esprit. La science des mots donnée par Rivarol, produira tous ces avantages. Platon l'a dit avant lui : qui connaîtra les mots, connaîtra les choses. C'est en les étudiant dès sa plus tendre jeunesse, que Rivarol sut acquérir par lui-même une sorte d'universalité de connaissances et de goût qui attachait le plus grand intérêt à sa conversation : il parlait de tout et en parlait bien; les sciences les plus abstraites lui étaient familières, et les mots semblaient s'arranger tous seuls dans ses discours.

Il avait réellement l'amour de la Langue française ; il n'en parlait qu'avec l'enthousiasme qu'inspire une maîtresse chérie, dont les charmes redoublent les desirs à mesure qu'ils sont satisfaits.

C'est au fond de l'Allemage, à la cour de Prusse, qu'il n'hésita point à donner à notre langue la primauté sur toutes celles de l'univers ; ajoutons à ce courage la gloire d'avoir été couronné par les mains d'une académie étrangère, le buste de Rivarol est aujourd'hui placé au milieu des savans et des beaux-esprits de Berlin, dont le grand Frédéric fut le protecteur et l'émule.

L'amour de la gloire, le desir de combattre un rival digne de lui, avaient déterminé Rivarol à s'occuper d'un ouvrage important, intitulé : *Du Corps politique*. Tout ce que le raisonnement paré des charmes de l'éloquence, pouvait jetter sur une matière si abstraite et si intéressante, avait été mis en œuvre pour convaincre et persuader que la *souveraineté* est dans le mariage de l'homme et de la terre. Dans cet ouvrage, qui devait être intitulé : *Théorie du Corps politique*, mais qui, malheureusement, n'est point achevé, et qu'on ne verra, sans doute, que par des fragmens, Rivarol définit le mot de *souveraineté* par *puissance conservatoire*. La mort l'a surpris au milieu d'un travail qui aurait mis le sceau à sa gloire, comme penseur, comme historien et comme homme d'état :

une main sacrilège n'osera sans doute pas toucher à l'œuvre du génie : l'or triomphe toujours de tous les amalgames.

FIN.

www.ingramcontent.com/pod-product-compliance
Ingram Content Group UK Ltd.
Pitfield, Milton Keynes, MK11 3LW, UK
UKHW020313230726
13925UKWH00002B/392

9 782013 463591